나는

사랑나무

입니다

나는
사랑나무
입니다

초판 1쇄 인쇄 • 2018년 3월 10일
지은이 • 박현경
펴낸이 • 이승훈
펴낸곳 • 해드림출판사
주 소 • 서울 영등포구 경인로82길 3-4(문래동1가 39)
센터플러스빌딩 1004호(우편07371)
전 화 • 02-2612-5552
팩 스 • 02-2688-5568
E-mail • jlee5059@hanmail.net

등록번호 • 제2013-000076
등록일자 • 2008년 9월 29일

* 책값은 표지에 있습니다
* 잘못된 책은 바꿔드립니다

ISBN 979-11-5634-271-7

나는 사랑나무 입니다

박현경 수필집

해드림출판사

한 걸음도 떼지 못하는 아기를 떠나보내는 마음으로

인생 80 고개를 넘기지 않으려고 영글지 않은 글을 서둘러 세상에 내놓습니다. 한 걸음도 떼지 못하는 아기를 떠나보내는 마음이 이럴까요. 출간을 많이 망설였습니다.

밤이 깊어 내 곁에 아무도 있지 않아 쓸쓸할 때, 연필, 종이와 씨름하면서 밤을 낮삼아 썼습니다. 책을 읽고 글을 쓰면서 나의 내면에 잠자던 희로애락이 하나둘 고개를 내밀었습니다.

수필 공부를 통하여 제 삶에 그려진 사랑을 전하는 방법을 알게 되었습니다. 나의 삶이 꺾이지 않고 이겨 낼 수 있었던 것은 주님이 값없이 주신 사랑의 힘이었습니다.

나는 사랑 나무입니다, 감사의 꽃을 피우렵니다. 서로를 아끼며 축복기도를 해 준 사람들로 인하여 나의 삶이 복되고 깊이를 더해 갈 수 있었습니다. 나도 좋은 인연으로 남기 위해 노력해야겠습니다.

사랑을 받는 것보다 사랑을 하는 것이 행복이라지요. 이 책은 나의 사랑하는 자녀 손들이 읽고 추억하기 바라는 마음으로 썼습니다.

따스한 정으로 응원해준 현대수필 문우님들 사랑합니다.

글을 쓴다며 방에서 나오지 않는 나를 미워하지 않은 남편께 고맙습니다. 엄마 얼굴 보기 어려워도 견뎌준 딸들 고맙다.

2018년 3월 박현경

해바라기, 그 텃밭에 불씨를 키우고 있는

윤 재 천(한국수필학회 회장, 전 중앙대 교수)

수필문학은 '존재감 추적'에서 시작된다.

인간 내면의 심적 나상을 자신만의 감성으로 그려내는 총천연색 그림이다. 울림이 강한 그 외침은 개인에서 출발하지만, '우리'의 고찰로 이어져 많은 것을 생각하게 한다. 삶도 생존을 위한 것이지만, 좀 더 신성한 가치를 찾아 도전할 때 그 의미가 배가된다.

작가 박현경은 '수필'을 통해 마음속에 잠재웠던 생각들을 발산하며 근원적인 문제, 본질적인 문제에 접근한다. 복잡한 삶 속에서도 특유의 담백함과 절제미를 잃지 않는 것이 특징이다.

목표를 잃은 삶은 방황할 수밖에 없다. 박현경은 목표의식을 지니는 것이 삶의 조건임을 자각, 글쓰기에 전념하며 성정을 잘 드러낸다. 어릴 적 '짠누'라는 별명을 붙여준 동생들과는 달리, 그를 지켜보던 할머니는 "현경이는 천생 여자야, 연한 배 쪽 같이"라던 부분에도 수긍이 간다. 결혼 후에도 '매화처럼 살아가라'던 어머니의 가르침을 생의 지표로 삼았으나, 60세 후반부터는 틈새 있는 삶을 살기 위해 '해바라기'를 멘토로 삼고 있다.

작가 박현경은 절제미를 지닌 매화, 따뜻함의 상징인 해바라기를 생의 꽃으로 선정했으니 여성과 아내, 어머니와 할머니 역할에 충실했음을 알 수 있다. 하지만 앞만 보고 달려온 삶에서 벗어나 악기를 배워 봉사하는가 하면, 수필가로 글을 쓰며 과거로의 여행을 떠나기로 한다.

81세에 그림을 시작한 미국의 화가 '해리 리비만'과 92세에 시를 시작한 일본 시인 '시비다 도요'가 이정표가 되었지만, 붓다의 가르침처럼 본인에게 길을 가르쳐 주는 사람은 그 누구도 아닌 자기 자신임을 깨닫고 있다. 생을 사랑하는 사람으로 뒷모습이 담백한 사람이 되기 위해 노력을 아끼지 않고 있다.

작품세계도 작가의 진정성과 사유가 단아하면서도 깊이 있게 표현되고 있어 감동을 주고 있다. 무엇보다 삶의 중심에 '시계'의 철학을 놓고 고민했던 현실주의자 할아버지와 이상주의자 아버지를 바탕으로, 절제된 감정 속에서도 생의 에너지가 넘치는 삶을 살아간다.

글쓰기는 그 어떤 비결도 지름길이 없다. 독서를 통해 묵상하고 명상을 통해 터득하며 노력하는 자세가 중요하다. 글쓰기는 글을 쓰는 사람에겐 거부할 수 없는 운명이므로, '또 다른 자아'를 받아들일 때 가능하다.

앞으로도 좋은 글을 쓰며, 7백 년 된 느티나무를 삶의 중심에 놓고 꿈을 실현해 가길 기대한다.

깊은 맛이 가득한 삶이되기를

임성택 소망교회 목사

"좋은 만남은 최고의 축복이다."라고 말합니다.

그러한 의미에서 박현경 권사님과의 만남은 저에게 더할 나위 없는 기쁨이며 감사의 제목입니다.

권사님은 항상 따뜻하고 절제된 언어로 말씀하십니다.

권사님의 위로와 격려의 언어가 마음 깃든 글이 되어 우리 곁에 다가왔습니다.

무엇보다 새로운 도전을 가로막는 나이라는 장벽을 깨트리고 책까지 출간하셨기에 진심으로 축하를 드립니다.

글을 읽으면서 연신 고개를 끄덕였습니다.

읽을수록 자연스러운 웃음과 미소가 가득했고 또한 감동하고 공감의 마음까지 갖게 되었습니다.

때로는 신앙의 묵상과 깊은 사색의 경계를 오가며 끊임없이 질문하고 씨름하셨지만 누군가의 딸, 아내 그리고 어머니라는 위치에서 최선을 다하려는 모습을 발견할 수 있었습니다.

무엇보다 가족과 세상 사람들에게 비춰진 삶의 모습은 겸손하지만 당당한 그리스도인의 신실함 마저 담겨있기에 그 어떤 이야기보다 강한 감동으로 우리에게 자리매김합니다.

우리가 사용하는 물건들은 시간이 흐를수록 그 가치와 효능이 떨어지기 마련입니다.

결국에는 낡고 쓸모없어 쓰레기 취급을 받게 될 것입니다.

하지만 오래될수록 그 맛이 깊어지는 장(醬)이 있듯이 세월이 지날수록 그 연륜의 무게를 자연스럽게 우려내는 분들이 있습니다.

바라기는 권사님의 삶 속에 그러한 깊은 맛이 가득한 삶이되시기를 바랍니다.

더불어 인생이 무르익어가는 시기에 문학의 길로

들어선 권사님의

새로운 도전이 더욱더 빛난 아름다운 삶이되시기를 소망합니다.

다시금 책을 출간하시게 됨을 축하드립니다.

차례

1부. 봄을 수다로 읽다

2부. 어느 여름날 이야기

3부. 가을 삽화

4부. 마음 무늬

5부. 여행 기다림

6부. 당신이라는 세상

7부. 인생의 간맞추기

15. 8. 18
Park
15. 8. 18
Grace Park

1부

봄을 수다로 읽다

봄을 수다로 읽다

산귀래 별서 올라갈 때 보지 못한 작은 풀꽃을 내려오면서 발아래에서 보았다.

채송화만 한 작은 분홍 꽃이 나를 보고 상큼하게 웃는다. 이렇게 작은 풀꽃이 어떻게 내 마음을 빼앗을 수 있을까. 내가 그 꽃을 본지 열흘이 넘었는데도 눈에 아른거린다. 지금은 숙녀가 되어버린 손녀딸이 아장아장 걸으며 손을 흔들던 모습과 닮았다.

산귀래문학상 시상식과 윤재천 선생님 문학비 건

립을 축하하던 사람들을 꽃들이 동화 속으로 안내하는 듯했다.

수상 작가를 축하하려고 때맞추어 피어난 꽃들과 문인들이 눈인사를 하느라 분주했다. 수필가들이 모인 자리 말석에 앉은 나는 맞지 않은 옷을 입은 듯 어색했다. 동화되지 못하는 분위기를 벗어나려 튤립이 화들짝 웃고 있는 정원을 향해 걸었다. 세상이 좁다는 말을 이럴 때 하는 모양이다. 나는 낯선 곳에서 반가운 사람들을 만나면 오래된 편지를 읽는 느낌이다. 내가 알고 있는 한일여성친선협회 회장단이 이영자 수필가를 축하하러 왔다고 했다. 꽃 잔치가 열린 곳에서 지난 이야기를 하느라 시간이 가는 줄도 몰랐다.

산귀래 뜰에서 나도 모처럼 자연인으로 돌아간 느낌이었다. 산책로를 따라 한적한 곳으로 들어섰는데 기대고 싶은 나무가 있었다. 수술 후 회복이 덜 된 몸으로 참석했기에 넘어지기라도 하면 낭패다 싶어 조심스럽게 다가갔다. 휘청거리는 발걸음을 조심스레

옮기며 나무와 한 몸이 되어 하늘을 쳐다보았다. 청바지를 즐겨 입는 운정 윤재천 선생님의 문학비 건립하는 날이라는 것을 알기라도 했을까. 하늘은 흰 구름으로 구름카페를 만들어 놓았다. 깊은숨을 들이마시며 꽃향기에 취해 있는데 문학비 제막식에 참석하라는 안내방송이 들린다. 문학비가 서 있는 장소로 이동하려니 내 걸음으로는 어렵겠다는 생각이 들었다. 마음으로 박수를 쳐 드렸지만 못내 아쉬웠다.

우리에게 꽃동산을 선물하는 산귀래 별서는 박수주 작가가 30여 년 동안 손수 가꾼 숲속 아름다운 정원이다. 봄이면 녹색 숲은 계절의 낭만을 가득 안고 꽃들을 피워낸다. 홍매화 꽃의 화려함에 동화되어 내 마음에도 꽃이 핀 것 같았다. 빨강 노랑 튤립은 세련된 도시 여인의 늘씬한 다리를 닮았다. 곳곳에 무리지어 피어있는 보랏빛, 하얀빛 꽃들은 수줍은 소녀같이 미소 짓고 있다. 내 등걸이 되어 준 숲 속의 큰 나무는 으쓱 어깨를 세우며 멋을 부리고, 작은 꽃들은 깜찍하고 발랄하게 조화를 이루고 있다. 자연은 함께 어울려 아름다운 오케스트라 연주를 하는 듯했다.

나는 간혹 마음이 잿빛으로 물들 때가 있다. 그럴 때면 외딴곳에 홀로 핀 외로운 풀꽃이 된듯하다. 용기를 주는 하이든의 첼로 협주곡 1악장을 듣곤 한다. 피아니시모로 들릴 듯 말 듯 여리고 애잔한 음률로 시작하는 이 음악이 좋아서 1악장을 반복해서 듣는다. 낮은 선율은 애틋하고 화려하게 흐른다. 눈물이라도 쏟아 낼 것 같은 마음에 천천히 평화가 찾아든다. 이런 작고 애잔한 음률을 좋아하는 것에 어떤 이유라도 있는 것일까. 작은 음률이 큰 선율과 어울려 당당한 화음을 내기 때문에 좋아하는 것 같기도 하다.

오케스트라 연주에는 커다란 콘트라베이스 악기도 작은 피콜로 악기도 필요하다. 나는 하루를 수필 작가들과 함께 지내며 아주 작은 내가 느껴졌다. 처음과는 다르게 분위기에 어울려 나도 춤을 추고 있는 느낌이었다. 동산으로 오르는 언덕길에 키가 큰 꽃나무와 작은 분홍 꽃들이 하모니를 이루며 바람에 나부낀다. 수필의 대가들이 흥겨운 잔치 마당에 4월과 닮은 사람 꽃이 마음 깊숙이 파고들었다. 영롱한 빛을 내는 작은 꽃처럼 나는 조용히 자리를 지키며 앉아 있었다.

풀꽃이 큰 꽃들과 조화를 이루어 내던 봄꽃 잔치에서 나는 향기를 지니지 못한 꽃이었지만 당당하게 어깨를 나란히 했다. 나도 수필 동산을 만들기 위해 없으면 안 되는 꽃인지도 모른다. 행사를 마치고 집으로 돌아가기 전 내리막길에 밝은 미소를 띠고 있던 작은 꽃과 눈을 맞추며 악수를 했다.

꽃 잔치가 벌어진 산귀래 별서의 봄은 작은 꽃들이 주인공이었다. 문학 꽃밭에서 나도 작은 꽃으로라도 피어날 수 있을까. 문향으로 누군가에게 내 마음을 전달할 수 있다면 얼마나 좋을까. 꽃이 향기를 지니기 위해 겨울의 한파를 견디듯이 나만의 향기를 글 속에 담기 위해 글방에 갇혀 지낸다.

소리

봄밤에 비가 내린다. 잠귀가 밝은 나는 사분사분 내리는 빗소리를 듣는다. 여린 꽃망울에 물을 먹이느라 빗소리가 점점 세차진다.

신혼 때의 기억이 떠오른다. 새벽녘, 잠결에 뒷방에서 자물쇠를 써는 소리가 들려왔다. 잠이 확 달아나고 소름이 끼쳤다. 소리 쪽으로 고개를 돌렸더니 멈췄다. 환청인가 하고 잠을 청했다. 그 시절에는 밤손님이 흔하던 때였다. 잠결에 다시 싸악 싸악 소리가 들렸다. 무서워 덜덜 떨면서 남편을 조용히 흔들어 깨웠다. 눈치를 챈 남편이 재빠르게 손전등을 밝히고 헛기침을 하니 뭔가 '후다닥' 도망치는 소리가 났다. 다음 날 아침 집안을 둘러보니 아버님 상청을 모신 방문 자물쇠가 망가져 있었다. 간밤에 아버님께서 나를 깨워 도둑을 쫓으셨나 보다.

소리에 민감한 나는 어렸을 때부터 음악 듣기를 좋아했다. 초등학교 2학년 때 이웃집에 새엄마로 들어온 분이 풍금 타는 소리를 들으며 악기를 배우고 싶었다. 가끔 풍금 소리가 날 때마다 담 너머로 몰래 훔쳐보기도 했다. 시험공부를 할 때도 남자 동생이 연습하는 바이올린 소리에 박자를 맞추곤 했다. 나는 음악 소리가 들리면 몸이 자동으로 리듬을 탔다. 독서할 때 라디오 방송 배가본드 채널에서 클래식 음악이 나오면 음악 산책을 떠나는 기분이었다.

우리 집은 남산 아래 회현동에 있었다. 서울 한복판에 살면서 남산에서 불어오는 맑은 바람과 아침이면 들려오는 종달새 노랫소리는 나의 감성을 키웠다. 나는 임어당의 "나뭇잎은 굴러도 대지는 살아있다"를 밑줄 치며 읽곤 했다. 바람에 쓸려 날아가 버리는 먼지가 되지 않기 위해서 고전 책을 읽기도 했다. 그런 습관은 지금의 나를 만들었다. 이순을 지나온 지 오래되었지만 흔적 없이 사라져가지 않기 위해서 이렇게 글을 쓰며 존재의 흔적을 남기려는 내가 때로는 애처롭기도 하다.

어느 날 해 질 녘, 동네 어귀 긴 의자에 할아버지 한 분이 앉아계셨다. 낡은 모자와 지팡이를 옆에 놓고 사람들이 오가는 길을 멍하니 바라보고 있었다. 할아버지의 어깨는 젊은 날 가족을 위해 열심히 사느라 짓눌렸는지 한쪽으로 기울어져 있었다. 밤이 어둑해질 때까지 한참을 그렇게 계시더니 인적이 드물어지자 모자를 깊게 눌러 쓰고 지팡이를 짚고 느릿느릿 일어났다. 어둠이 내려앉은 길섶에는 허리를 굽힌 전등이 할아버지의 길을 밝혔다. 지금쯤 된장찌개를 끓여놓고 할아버지가 돌아오기를 가족들은 기다리지 않을까. 잔소리꾼 할머니가 어디 갔다가 이제 오느냐며 눈을 흘기지 않을까.

나는 우리 집 잔소리꾼이다. 나의 잔소리가 헛된 것만은 아니다. 신년 인사로 남편의 선배 집을 방문한 적이 있다. 세배를 하는데 그 댁 따님들이 킥킥댔다. 남편 양말이 해져서 구멍이 났던 것이다. 남편은 나의 잔소리에 귀를 막는 버릇이 있다. 그날도 내가 새 양말로 갈아 신으라고 했다가 부부싸움을 할 뻔했다. 함께 살아가는 삶은 소리의 조율이 필요하다. 여자 형제가 많지 않은 나는 감각이 둔한 편이다.

내가 신혼 시절 어머님은 잠이 없으셨다. 새벽이면 고무호스로 장독대를 청소하셨다. 장항아리에 부딪치는 물소리가 나의 새벽잠을 깨웠다. 나는 잠이 많기도 하지만 휴일에는 늦잠을 자고 싶었다. 지금 생각해 보니 어서 일어나라는 어머님의 소통 방법이었다.

언젠가 어머님이 놋그릇 한 소쿠리를 쌀가마니 위에 내놓으셨다. 기왓장 가루를 주면서 제삿날에 쓸

제기라고 하셨다. 친정에서 제사를 지내보지 않은 나는 한숨이 절로 나왔다. 한숨 소리가 어머님 귀에까지 들렸던 모양이었다. 바지런한 어머님은 손수 제기를 닦기 시작하셨다. 지금도 수돗물, 제기 닦는 소리를 들으면 나의 고된 시집살이 추억이 떠오른다. 눈물을 삼켜가며 그 소리들을 받아들였던 신혼 시절은 판소리 한 대목이다. 샘이 많은 어머님은 며느리를 훈련시켜 친척들에게 자랑하고 싶으셨던 모양이다.

이 세상에서 가장 아름다운 소리는 글 읽는 소리라고 친정아버지는 말씀하셨다. 아버지는 직장에 다니면서도 밤낮으로 공부를 하셨다. 젊은이들하고 경쟁을 하며 녹슬지 않도록 자신을 깨웠다. 부창부수라고 했던가. 어머니는 우리들이 시험을 앞두면 생일축하 모임도 생략하고 즐겨듣던 라디오도 틀지 않았다. 부엌에서 설거지 할 때도 소리를 내지 않기 위해 조심하셨다. 복도를 걷는 발소리에도 신경 쓰셨다. 그런 어머니가 아버지 시험공부 중에 밤새도록 재봉틀 일을 하고 계셨다. 이해할 수 없는 어머니 행동을 너무 어려서 몰랐다. 그것은 어머니 마음을 정리하기 위한 소리 아니었을까.

다음 날 아침에 나는 아버지 표정을 읽으며

"엄마 재봉틀 돌리는 소리가 시끄러웠지요."라고 물었다. 아버지는 빙그레 웃으며

"아니다. 네 엄마가 같이 밤을 새우느라 돌렸던 거야."라고 하셨다.

한국의 미를 이야기할 때 바느질 하는 여인의 모습이 등장한다. 재봉틀 소리는 여인의 마음으로 표현되기도 한다. 사랑의 표현이 서툴렀던 아버지의 애정 어린 말씀에 엄마의 얼굴은 복숭아 꽃물이 들었다. 우리 집에는 잔잔한 바이올린 연주 소리가 들리곤 했다. 내가 늦게 시작한 글공부는 그 사랑의 울림이라는 생각이다.

사랑방 초당

독서를 하면 생각나는 곳이 사랑방이다.

옛 어른들의 사랑방은 서재가 되기도 하고 손님맞이로 사용하는 곳이었다. 사랑방에는 책, 벼루, 먹, 종이 등 글쓰기 도구와 손님을 위한 방석이 있었다. 공부도 하고 사람도 만나는 재미있는 공간이었다. 공부방이라면 조용히 공부만 해야 할 것 같지만 사람을 만나는 것 자체가 공부 아닐까. 때로는 책을 보는 것보다 사람과 소통에서 더 많은 것을 배운다. 대학 시절 시험 기간에 평소에 가지 않던 도서관에 갔다. 모범생 학우를 만나 시험문제에 도움 된 적도 있었다. 친한 친구 일곱 명이 친구 집에 모여서 밤샘 공부도 했다. 친구 어머니께서 차려 주신 맛난 음식을 대접받고 공부는 밀어놓고 재미있게 놀던 즐겁던 추억이 있다. 책과 사람은 모두 공부로 연결된다.

독서하는 곳에서 손님을 맞이하는 것은 자연스럽다. 사랑방에서 사람과 사람이 만나고 생각과 생각이 만난다. 불운한 친구 소식도 나누고 기쁜 소식도 전해 듣는 곳이다. 기발한 아이디어가 떠오르는 장소가 될 수도 있고, 새로운 역사가 만들어지는 장소일 수도 있다. 사람들이 모여서 토론하는 작은 광장 민주적인 공간이기도 하다. 집안에 좋은 일이 있어 친구를 모아 조촐한 주안을 베푸는 곳도 사랑방이다.

즐겁게 살기 위해서 집은 주거공간이면서 사람과 세상을 연결해 주는 문화공간이기도 하다. 인생이라는 긴 경주를 하다 보면 넘어지고 일어서기를 반복하며 성장하는 것이 우리의 삶이다. 외로운 친구에게 차이콥스키의 비창을 들려주던 우리 집도 사랑방 음악실이었다. 지금은 그 수다가 사라졌다.

풍부한 물질 속에 묻혀 사는 사람에게서 빈약한 정신이 엿보일 때 슬프다. 큰 집에 살지만 드나드는 발길이 드물어 쓸쓸해 보인다. 가정주부로 살아온 내가 생존경쟁의 비정함을 알랴만 사랑방의 정서는 읽을 줄 안다. 높은 대문 안에서 살아가는 사람들은 빠르게 달리는 차 창 밖의 풍경을 아쉬워할 줄을 알까. 일상의 소소한 기쁨이 모여 삶의 보람이 될 때 내 가슴은 뛴다. 비라도 내리는 날이면 마음 맞는 친구와 좁은 내 방에 모여 아끼는 찻잔을 앞에 놓고 밤이 새도록 속마음을 털어놓고 싶을 때가 있다.

가을이 고개를 드는 어느 날, 문우 세 사람이 청명한 날씨처럼 즐겁게 걸었다. 합평회를 하기 위해 어디가 좋을까 갈 곳을 찾아보던 참이었다. 올해 들어 글을 서로 나누는 K 박사가 '초당'으로 안내했다. 그 사랑방은 그녀 남편의 문화공간이다. 대문을 열자 고흐의 '별이 빛나는 밤에' 그림이 우리를 환영했다. 예고 없이 불쑥 들이닥친 무례함을 따뜻하게 맞아주었다. 클래식 음악으로 환영해 주는 주인의 넉넉한 마음이 읽혔다.

고흐를 사랑하는 주인은 해바라기 그림 아이리스 그림으로 방을 꾸몄다. 주인이 내어놓은 파란색 찻잔에는 고전음악 선율과 녹차 철관음향기가 더한다. 가지런하게 깎아 놓은 사과에 보랏빛 블루베리를 얹은 데코레이션은 한 폭의 그림이다.

색색의 찻잔, 부드러운 베트남 커피, 호박색 와인, 치즈를 맛보며 혀끝에서 행복이 밀려왔다. 사과 커팅기구는 깜찍하게도 사과를 한 접시 담아냈다. 사랑방에는 세계 곳곳에서 구입한 신기한 풍물이 빼곡하게 차 있어 박물관에 온 느낌이었다. 사랑방 주인은 소장품 하나하나를 구입한 이야기를 풀어놓았다.

창밖에는 올림픽 평화의 광장이 내려다보이고 하

늘은 구름 밥상을 짓고 있다. 지금 나는 어느 곳에 존재하고 있는 것일까. 천상의 사랑방이 이런 곳일까. 정신을 차려보니 사랑방 주인이 디자인한 멋진 기타로 연주를 들려주기도 했다. 가을이 성큼 가슴으로 내려앉았다. 부부의 연애 시절 노래를 들려준 것일까. 화음이 하모니 되어 들린다.

사랑방 주인은 회색 터틀넥 스웨터가 잘 어울리는 가을 남자였다. 우리들 마음에 오색 단풍을 선물했다. 빌딩 숲속에 아늑한 문화예술 공간이 있다는 것이 놀라웠다. 사랑방에서 유유자적하는 주인은 수필가이기도 하다. 초당 주인의 마음 씀씀이와 낭만, 시, 사랑이 한데 어우러져 문향이 느껴졌다. 받는 것보다 주는 것을 즐겨하는 그는 사랑방을 지인들에게 언제나 개방한다. 협소하여 많은 사람을 수용할 수 없는 사랑방이지만 삶의 이야기들이 끊이지 않는 광장일 것이다.

유가의 기본문화는 예와 악이다. 예는 상하 귀천의 신분 질서를 정해 주고 악은 임금으로부터 일반 백

성에게까지 모든 사람을 화합하게 해 준다고 여겼다. 초당은 이 시대의 유가의 도를 존중하는 공간처럼 느껴졌다. 현악 5중주가 흐르는 초당은 예악으로 가득 찼다.

우리 세 사람은 무릉도원 사랑방에서 책을 읽으며 공부에 몰입했다. 선율 좋고 그림 좋고 차 좋고 인심 좋으니 무릉도원의 경지 아닌가. 가을 남자의 안사람 K 박사의 열정은 나를 놀라게 했다. 프로스키어가 되기 위해 시험에 7번 낙방했지만 물러서지 않고 끝까지 도전하여 합격증을 받았단다.

옛 사랑방을 닮은 초당은 비 오는 날이나 눈 오는 날 예약 없이 깃들여도 문이 열려 있을 것이다. 거기에는 처음 만나는 사람들이 어울려 살아가는 이야기를 나눌지도 모른다. 온돌방처럼 따뜻한 사람들의 온기로 가득한 사랑방에서 나도 문학의 향기를 뿌릴 수 있었으면 좋겠다.

작은 행복

봄은 생명의 계절인 듯하다.

탁란의 계절에 멸종 위기의 황새 가족이 새끼를 낳았다는 보도가 신문 1면을 장식했다.

외국에서 사는 외손녀가 첫아기를 낳으러 서울 친정집으로 왔다. 먹는 것을 좋아하는 손녀에게 조절해서 먹으라고 제 엄마는 잔소리를 한다. 체중이 많이 늘면 임산부 건강에도 안 좋고 살찌면 손녀사위가 구박할까 봐 걱정을 했다.

내가 첫아기를 가졌을 때 생각이 난다. 아침에 방 청소를 하다가 걸레를 손에 쥔 채 엎드려 한참을 자고 일어나 보니 저녁밥 지을 시간이 되었다. 홀 시어머님 점심도 차려드리지 못하고 낮잠을 잤으니 얼굴이 화끈거렸다. 동네 가게에서 초콜릿을 사다 먹고 껍질을 화장대 서랍에 숨겼다가 남편에게 들켰던 일, 길거리 리어카에 쌓인 복숭아가 먹고 싶어 사 먹었던 일이 나를 웃게 만든다. 유난한 입덧을 어쩌지 못하고 견디느라 힘들었다.

나의 태교일기는 실수와 흉투성이였지만 행복감은 무엇과도 바꿀 수가 없었다. 남편이 군에 입대하여 수입도 없이 혼자 시집살이하면서 입덧하던 때 이야기다. 첫아기를 낳고 말랑말랑하고 구수한 냄새가 나는 고려당 식빵이 먹고 싶었다. 휴일이라 집에 있던 남편에게

"썰지 않은 식빵이 먹고 싶어요. 고려당에서 사다 주세요."

나는 식빵 속을 파서 먹곤 했다. 아기들이 엄마의

가슴을 더듬을 때 손에 닿는 촉감이 이렇게 보드라울까. 뽀얗고 보들보들한 속살에 고소한 맛이 어우러져서 입에 넣으면 사르르 녹았다. 빵을 먹으면 모유가 잘 나올 것 같기도 했다. 모유가 부족해서 아기가 잠을 깊이 자지 못했기 때문에 신경이 쓰였다. 빵을 사러 간 남편이 해가 뉘엿뉘엿 지는 저녁에서야 돌아왔다. 종일 거의 굶다시피 하고 식빵을 기다렸다. 남편보다 빵을 더 기다렸다는 말이 맞다.

"잘 지냈어."

내놓은 것은 초콜릿 한 개였다.

"내 빵은"

온몸에 힘이 다 빠지고 콧등이 시큰하며 눈물이 주르륵 흘러내렸다. 쌔근쌔근 잠든 아가 얼굴을 보니까 곧 마음이 가라앉았다. 나는 아기 옆에 그냥 누워 잤다. 다음날도 식빵의 유혹은 식을줄 몰랐다. 삼칠일 지나고, 첫 나들이로 친정집에 갔을 때 어머니가 주신 용돈으로 고려당 식빵을 가슴에 안고 집으로 향했다. 말랑말랑한 빵은 속을 파서 먹을 때 제맛이 난다.

요즘도 가끔 큰 딸을 만나면 갓 구워서 나온 식빵을 사서 속을 파 먹는다. 어른들이 보면 음식 낭비한다고 질색 하실 일이다.

내가 임신하면 즐겨 먹던 음식은 식빵만이 아니다. 음식 타박하는 습관에 흉잡혀도 할 수 없다. 사과, 딸기, 참외, 복숭아 등 제철에 나지 않는 과일을 먹고 싶어 잠 못 이루는 밤이 많았다. 둘째 아이를 임신했을 때 딸기가 먹고 싶은데 한겨울이었다. 지금은 겨울철에도 달콤한 딸기를 구하기 어렵지 않다. 요즘 젊은이들은 먹거리 흔한 세상을 만났지만 예쁜 몸매를 가꾸느라 다이어트를 한단다.

먹거리가 없어서 못 먹은 과거와 참고 안 먹는 현재는 동떨어진 문화를 지니고 있다. 임신 중 먹지 못하면 태어난 아기 눈이 작다는 말은 가벼운 농담이 되었다. 귀한 아가를 위해서 음식을 골고루 챙겨 먹어야 하는 모성애가 예쁜 몸매보다 더 우위에 있어야 한다는 생각이다. 나는 외손녀가 먹고 싶은 것을 골고루 먹고 건강한 아가를 품에 안기 바란다. 통통

한 여인에게서 풍겨 오는 포근함이 더 아름답다.

나는 눈이 작다. 아마도 어머니께서 나를 가졌을 때 먹고 싶은 것이 많았나 보다. 외손녀에게 증조할머니인 나같이 작은 눈으로 태어나면 안 되니까 후회 없이 맛있는 것 다 사 먹으라고 한다. 뭔가를 놓친다는 것은 아쉽고 막막한 일이다. 손녀딸에게 내 딸이 가시 돋친 말을 하는 것도 염려하는 마음처럼 느껴진다.

저기 봄이 성큼 걸음으로 걸어오고 있다. 깔깔거리는 딸과 손녀의 웃음은 머지않아 새로운 손님을 맞을 것이다. 우리 가족 행복은 새 생명이 갖고 올 것이다.

봄 여자 쓰다

2018년 3월 13일 오늘은 내 날이다.

수줍게 핀 분꽃 같은 내 수필집이 세상에 얼굴을 내미는 날이다. 첫 수필집을 아침햇살 아래에서 펼쳐 보니 사랑스럽고 소중해서 조심조심 넘겼다. 수필과 씨름하며 고독했던 시간이 동영상처럼 눈앞에 어른거린다.

수필의 단상은 내 마음의 바로미터다. 어린 시절 전학 가서 겪은 쓸쓸한 추억, 딸들을 기르면서 행복했던 일, 아버지 품에서 사랑으로 자랐던 일, 그리고 마음이 보일 듯해서 망설여지는 글도 썼다. 글들이 모여 한 권의 책이 되어 나오다니 꿈만 같다.

2014년 3월부터 나는 수필 쓰기 강의를 들었다. 수필교실에서 퇴직 교사, 외교관, 의사, 금융인, 피아니스트, 나 같은 전업주부들이 함께 글공부를 했다. 서로 문학소년 소녀들이라고 추켜세우는 분위기는 글공부를 부추겼다. '어렵다', '숙제하기 힘들다' 하면서도 부지런히 글을 발표했다. 써온 글을 읽을 때마다 서로 '우와~' 환호하면서 박수를 아끼지 않았다.

"편히 쉴 나이에 웬 수필 공부냐, 힘들게." 하는 친구들 말은 못들은 척하고 공부에만 전념했다. 내가 수필과 공부하며 움직이는 속도로 시간도 흘렀다.

2시간 강의에도 나는 지루한지 몰랐다. 56년 만에 펜을 잡고 보니 글쓰기라는 일이 열심만으로는 어렵다는 것을 실감했다. 한 사람 한 사람 작품을 읽고 격려와 칭찬에 우리는 봄에 새순이 나오는 나무처럼 자랐다.

발목이 골절되어 깁스를 하고 목발을 짚고 절룩거리면서도 결석을 한 번도 안 했다. 뻗정다리를 하고 벽에 기대앉아서 끙끙대며 밤새워 수필 하나를 완성하는 것은 삶의 즐거움이었다. 문우들 글의 주제는 뜰에 핀 꽃을 묘사한 아기자기한 이야기, 고향 친구들과 추억 이야기, 어머니를 그리워하는 이야기들이었다. 열정은 사람을 발전하게 한다.

가을학기에 집수리하는 동안 스타벅스에 가서 컴퓨터를 이용해 과제를 했다. 딸들은 '우리 엄마 열공하는 멋진 학생이네요.'라며 농담 반 진담 반으로 놀렸다. 겨울학기에는 교수님의 '거침없이 써라' '꼼꼼하게 써라' '독자에게 친절하게 묘사한 글을 써라'는 강의가 귀에 쏙 들어와 용기도 생기고 재미나서 어설프지만, 컴퓨터 앞에 앉아 글을 쓰느라 세월이 가는 줄 몰랐다. 사회 경력도 많은 훌륭한 문우들이 열심히 공부하는 모습에 자극이 되어 나도 늦깎이 공부에 게으를 수 없었다.

초창기에 쓴 글을 읽어보니 유치하지만, 꾸준히 쓰며 발전하는 모습이 보여 마음이 흐뭇하다. 백세시대라는데 취미 하나씩 갖고 사는 것은 건강에도 좋을 듯하다. 책을 사인을 해 나눠줄 때 친구들은 무슨 격려를 할까. “고상한 취미가 부럽네.”라고 덕담을 해줄 친구들 얼굴이 스친다.

목발을 짚고 내가 결석을 하지 않고 편하게 글을 쓸 수 있었던 것은 오고 가는 길을 운전해준 남편 덕이다. 남편은 언제나 내 등 뒤에서 소리 없는 응원의 박수를 보내준다. 오늘 이 출판은 남편이 내게 준 선물이다. 함께 공부했던 문우들과 친구들 그리고 가족들과 한자리에 모여 책갈피에서 꺼내 읽는 단문처럼 소리 내어 인사도 나눌 것이다.

내 삶의 주인공으로 산 세월을 사람들에게 보여준다고 생각할 때 부끄러운 마음도 있다. 하지만 오늘은 내가 주인공이다. 내 영혼이 수필집 안에 담겨 먼 훗날 자녀손들이 읽고 나를 추억하면 그것으로 만족이다.

여고 3학년, 대학 입시 공부를 하느라 여름 방학도 잊고 지낸 시절이 떠오른다. 학교로 어머니는 시원한 수박화채를 신고 와 선생님들께 대접했다. 오늘은 천상에 계신 어머니 치맛바람도 함께 할까. 기회를 놓칠세라 호박떡을 한 시루 내놓으며 딸의 수필집 출판을 축하하실 것이다.

어머니의 흐뭇한 미소도 함께 앉아 계시면 얼마나 좋을까. 어머니가 못한 글공부를 내가 하고 있는 것 아닐까. 문학적 정서를 어머니께서 자녀·손들에게 선물로 남겼다는 생각이 앞서 눈물이 흐른다. 어머니 산소에 갈 때 책을 고운 포장지에 싸 선물로 드릴 것이다. 나는 오늘 봄 뜨락에 『나는 사랑 나무입니다』 나무 한 그루를 심었다.

꽃과 꽃 사이에서

수줍은 새색시처럼 봄볕이 살며시 나를 부른다.

겨우내 움츠렸던 어깨를 펴고 앞뜰에 나갔다. 따스한 햇살이 내려앉은 흙 사이로 어느새 나온 보랏빛 제비꽃이 나를 보고 방긋 웃는다. 추운 겨울날, 땅속에서 얌전히 있다가 따스한 봄 햇살이 불러서 나들이 나왔을까. '나 여기 있지.' 하며 삐죽이 얼굴을 내민다. 작은 꽃이 여간 신통하지 않다. 쓰다듬어 주려다 아파할까 봐 들여다 만 본다.

봄에는 아기 손톱만 한 들꽃부터 매화, 개나리, 진달래, 목련들이 경쟁하듯 피어나 자태를 뽐낸다. 조금 지나면 라일락이 향기를 흩날리면서 자신의 존재를 알리고 월계꽃도 화려하게 피어서 세상을 물들이겠지. 여름밤 산책길에는 야래향 꽃향기에 얼굴이 간지럽다, 들풀도 꽃을 피우고, 아름드리 고목도 하늘거리며 연분홍색 꽃을 피운다.

꽃을 피우지 않는 나무는 없다. 투박한 고목나무에서도 아름다운 꽃이 간드러지게 피는 것을 남쪽 나라 여행길에서 보았다. 태국, 호주, 플로리다에서 보고 신의 놀라운 솜씨에 감탄했던 기억이 난다. 오늘도 하늬바람에 실려 오는 라일락 향기에 끌려 집을 나섰다.

이웃에 사는 5살, 2살 남매가 자기 몸집만 한 가방을 어깨에 메고 뒤뚱거리며 아파트로 걸어온다. 어린이집에서 돌아오는 길인가 보다. 여자아이 눈은 작지만, 가만히 있어도 웃는 얼굴이라 귀엽고 사랑스럽다. 온 얼굴로 웃으면 눈이 없어진다. 제 엄마를 꼭 닮았다. 아기 엄마는 6년 전에 이웃으로 이사를 왔다. 어린 새댁은 한결같이 상냥하고 착하다. 웃는 얼굴이 웃음을 참지 못하겠다는 듯 온 얼굴 가득 차게 웃는다. 공손히 인사도 잘한다.

"대 이듬은 어증연"

"내 이름은 오승현" 옆에 있는 엄마가 통역해 준다. 내가 승현이를 예뻐해 주고 있는데 옆에 있던 5살 오빠가 신발주머니를 휙휙 돌리면서 딴청을 한다. 오빠는 좀 크니까 나중에 칭찬하려고 했는데 서운했나 보다.

"아유, 오빠도 참 착하게 생겼네."

"내 이름은 오유혁" 하며 좋아한다. 어린 남매가 작은 실눈이 되면서 활짝 웃는다. 우리집 앞뜰에서 얼굴을 내민 작은 금잔화와 제비꽃을 닮았다. 들꽃을 보면 갓난아기의 방긋 웃는 얼굴이 오버랩 된다. 목련, 라일락은 깔깔거리는 청소년 얼굴이 떠오른다.

고목에 핀 우아한 꽃들은 장년의 주름진 얼굴이 그려진다.

추운 겨울을 지내고 이른 봄날, 아직 남은 찬바람을 보듬고 빨간색 동백꽃이 앞뜰에 당당하게 피어있다. 동네 골목길을 환하게 빛내주는 빨간 동백꽃을 보니 잊고 있던 내 삶의 추억들이 떠오른다. 인생의 겨울을 이기고 지내온 나도 저 꽃처럼 활짝 웃어야겠지. 자꾸 웃으면 웃을 일이 생긴다지 않는가. 옆집 아이들처럼 눈이 없어질 때까지 웃어본다.

올 봄에는 우리집 고목나무 꼭대기에 몇 송이의 꽃이 희망처럼 피어있다. 내 주름진 얼굴에도 함박꽃 웃음을 그려서 넣어본다.

비 그친 뒤

어제 본 목련꽃 봉오리가 밤새 눈에 어른거려 집을 나섰다.

아파트 뜰에 하얀 목련화가 봄비를 머금은 채 맑은 하늘을 이고 피어있다. 곡선의 우윳빛 꽃잎에 불그레한 꽃술을 보며 나도 모르게 옷매무새를 매만진다. 한복을 정갈하게 차려입은 내 어머니를 닮아 눈길이 간다. 내가 화가라면 목련화 향기를 화폭에 그려 넣을 수 있을까.

하늘을 향해 날갯짓하는 꽃잎은 날고 싶었을 거야. 바람에 흩날리던 꽃잎은 삶의 고단함을 날려 보내려 춤을 추는 여인의 옷자락 같다.

사노라면 내 마음에도 흐린 날이 고인다. 목련꽃 가슴의 무채색 언어를 보듬어 본다. 언젠가는 맑게 갤 것이니 침묵으로 인내하라며 타이르는 듯하다.

사람이 목련꽃처럼 품위를 지니려면 얼마나 가슴을 비워야 할까.

사랑 일기

"엄마, 전화 하고 싶은데 몇 시에 집에 오세요."
"아, 나도 엄마하고 상의 할 일 이 있는데…"
"우리 엄마 인기네."

세 딸이 카톡에 한마디씩 보냈다. 누가 발명했는지 시공을 초월하여 소식을 주고받을 수 있게 해줘서 참 고맙다. 딸들이 내게 하는 이야기는 주로 하소연이다. 나는 이야기를 듣고 편을 들어준다. 가끔 내가 더 열을 내면 딸은 마음이 가라앉는지 "그러게 말이에요" 한다.

조용한 밤에 또 "까꿍까꿍" 노크를 한다. 남편은 무슨 일인지 궁금한 모양이다. 별일 아니라고 말을 자르면 은근히 서운해 한다. 딸들의 썰컹거리는 삶을 설명하려면 복잡해 남편에게 알리지 않는 편이다.

"지혜의 답을 주는 우리 엄마 오래 사셔야 해요."

미국에서 유학중인 외손자가 여름 방학 맞아 귀국인사를 왔다. 남편은 외손자가 기특한지 점심을 사준다고 했다. 온가족이 모여 웃음 가득한 점심상을 물리고 큰 딸이 계산하려는지 일어섰다.

"외할아버지가 사준다 하셨으니 돈을 내셔야지." 내가 남편 등을 떠미니까 손자손녀들 은 웃음바다가 되었다. 곰탕 한 그릇 사 주려던 것이 판이 커져 예상밖의 돈이 나갔다. 12월에는 큰 딸과, 남편, 큰 사위 생일이 들어있다. 외손들이 할아버지께 드릴 아기자기한 선물도 준비한 모양이다.

"사랑해요. 우리 외할아버지 최고"

품에 안기면서 애교를 부린다. 남편의 흐뭇한 모습을 보면 나도 행복하다.

2부

어느 여름날 이야기

어머니의 노래

몇 해 전, 한일 문화 공보관 가곡 반에 다녔다.

'가고파'를 부르는데 나비가 사뿐히 내려앉는 음률에서 금빛 햇살이 반짝이는 통영 앞바다가 파랗게 보이는 듯했다. 어머니의 노래 '따오기'를 배우며 어머니를 떠 올렸다. '따오기' 노래를 듣고 자란 나는 어머니가 지어서 부르는 노래로 알고 불렀다. 가사 중에 '내 어머니 가신 나라 해 돋는 나라'만 또렷이 기억난다.

이런 노래가 있다는 것을 알고 반갑기도 하고 놀라웠다. 악보를 들고 부르기 시작하자 미소를 띤 어머니가 내 앞에 잡힐 듯이 서 계셨다. 뜻밖에 어머니라는 단어를 떠올리자 가슴이 빼근해졌다. 주체할 수 없이 흘러내리는 이 끈적거림은 무엇일까. 손수건을 찾는 부스럭 소리가 주변으로 퍼졌다. 무슨 사연이 많아 저렇게 울까 하고 사람들이 생각 할까 봐 조심스러웠다. 가슴을 웅크리고 참았지만, 어깨까지 들썩이며 흐느꼈다.

어머니는 가회동에서 태어나고 자랐다. 아버지를 일찍 여의고 하나뿐인 남동생마저 사고로 잃어 무남독녀로 자랐다. 외로움은 어머니의 삶 깊숙이에 뿌리를 내렸다. 일제강점기 양반가였던 외가는 몰락했다. 외가는 증권에 손을 댔다가 크게 손해를 입어 형편이 어려워졌고 어머니는 서울여자상업학교로 진학했다. 어려운 환경에도 열심히 공부해서 수석으로 졸업을 했단다.

그 시절 여성이 직장을 갖는 것이 어려웠다. 어머니는 은행에 취직을 하여 생계에 도움을 주는 믿음직한 딸이었다. 성실함은 직장에서도 인정을 받아 상사의 소개로 아버지를 만났다. 아버지와 어머니는 일곱 살 나이 차가 났다. 애정표현이 서툴렀던 아버지는 부부동반으로 외출하면 언제나 성큼성큼 앞서가셨다. 어머니에게 행복은 갖고 싶어도 가질 수 없는 파랑새와 같은 것이었을지도 모른다.

풀솜할머니마저 먼 길로 떠나시고 마음의 고향 친정을 잃어버린 셈이다. 급격히 변한 가정환경에 어머니는 달항아리를 품었을 것이다. 늘 고개를 한쪽으로 떨구고 생각에 잠긴 모습으로 걸었다. 깊은 호흡 속에는 하지 못한 말들이 섞여 나왔다.

아버지는 어머니와 다른 삶을 살았다. 경기도 오산 부농 댁 맏아들로 자라 배재학당, 연희전문 상과를 졸업했다. 인물도 준수해서 여성들의 시선을 끌었단다. 책상 위 벽에는 무용가 최승희 사진이 붙어 있었다. 개화기 물질문명이 자유롭던 아버지 젊은 시절 일본의 문물을 받아 누리며 살았다. 어머니는 자그마한 키에 연분홍 모란꽃 모습이셨다. 내 친구들은 어머니를 동양 미인이라고 기억한다.

아버지의 가부장적인 사고는 어머니를 더 외롭게 했다. 어머니가 난산으로 위험할 때 마작하고 계신 아버지를 모시러 간 기억이 난다. 아버지를 따르는 기생 '난향이'를 우리 집에 놀러 오게 했던 어머니의 품을 나는 지금도 가늠할 수가 없다.

부농의 아들 아버지와 도시에서 자란 어머니 사이에는 문화의식의 편차가 있었다. 똑똑하지만 작은 마음을 가진 어머니는 크게 느껴지는 아버지에게 갈증을 느꼈을 것이다.

아홉 살 겨울방학 때, 아랫목에서 동화책을 읽고 있는데 어디선가 작은 목소리로 부르는 노랫소리가 들려왔다. 어머니의 노래였다.

'보일 듯이 보일 듯이 보이지 않는
따옥 따옥 따옥 소리 처량한 소리
떠나가면 가는 곳이 어디이더냐
내 어머니 가신 나라 해 돋는 나라'

이 노랫말은 지금도 어머니와 내가 마음으로 만나는 공간이다. 나도 모르게 흥얼거리면 눈가가 촉촉해진다. 달그림자가 마당으로 기울어질 때까지 아버지가 귀가하지 않으면 외로움을 달래시느라 총총한 별을 보며 마음을 다독이시곤 했다.

외할머니를 그리워하던 어머니는 재봉틀을 돌리면서 바느질을 할 때도 입가에서 따오기 노래가 맴돌았다. 신문화를 받아들인 아버지는 3남매를 끝으로 산아제한 하자고 하셨고 어머니는 외로운 것이 싫어서 육 남매를 두셨다. 아버지는 대문 밖에서 즐거움을 찾았고 어머니는 우리 육 남매를 키우시면서 삶의 기쁨을 얻었다. 아버지와 인생관이 다른 어머니는 외로움을 달래며 '따오기'를 불렀을지도 모른다. 노래를 하실 때 어머니 얼굴에서 외로움을 찾아볼 수 가 없었다. 조금도 흐트러진 모습을 우리에게 보여주지 않았다.

모란꽃 같은 어머니 얼굴 위로 따오기 노래가 흘러간다. 살아 계실 때 어머니의 공허함을 읽지 못한 것이 못내 후회가 된다. 어머니는 그리울 땐 언제나 꺼내 보는 사진 같은 것이고 쉴 수 있는 내 마음의 고향이다.

푸른 눈썹을 보여주는

들꽃에도 마음을 빼앗기는 5월이다.

아가 눈망울만 한 꽃에도 자연의 신비로움이 스며있다. 봄에는 활짝 웃는 손녀 수박 쪽 입매도 신비롭다. 꼬물거리는 모습이 보고 싶어 길을 나선다. 바람결에 은은한 꽃향기가 얼굴을 간질인다. 초록빛 잎새 위로 모란꽃 무리가 소담스럽게 피어있다. 30여 년 만에 어머니를 만난 듯 반갑다.

유년시절 학교에서 돌아오는 나를 반겨주던 꽃밭이 그립다. 대추나무, 감나무, 오동나무가 크고 작은 키로 담장을 둘러 푸른 병풍이 되었다. 아기 손톱만 한 들꽃과 어울려서 꽃밭 가운데 모란꽃이 장관을 이루었다. 우리 집에 오는 손님들은 모란꽃 찬사를 아끼지 않았다. 봄이면 꽃밭을 개방하고 외롭게 자란 어머니는 된장찌개 솜씨가 좋다는 칭찬에 된장찌개 파티를 벌이곤 하셨다.

용인에서 어린 시절을 보낸 어머니는 외할아버지 사랑을 듬뿍 받으셨다. 외할아버지는 친구에게서 얻은 모란꽃을 장독대 옆에 심고 5월이면 꽃 옆에 앉아서 세월을 보내곤 하셨단다. 어린 딸을 안고서 그윽한 눈으로 “우리 재홍이 닮은 꽃, 우리 아가 꽃”이라고 자식처럼 아끼셨단다. 외할아버지는 애정을 쏟았던 것들을 남겨두고 어떻게 눈 감으셨을까.

외할머니는 가신님 살피듯 딸과 꽃을 정성 들여 가꾸셨다. 인생은 무상한 것이라고 했던가. 외할머니도 어머니를 출가시킨 후 외할아버지를 따라가셨다. 화려한 모란꽃 뒤에는 어머니의 애처로운 기억이 숨어 있다.

내가 중학생이 되고 한국전쟁이 일어났다. 아버지는 황급히 대전 임지(任地)에서 올라오셨다. 우리 가족을 이사시키려다가 발이 묶여 장롱 뒤에 숨어 지냈다. 푹푹 찌는 더위와 무료함에 지쳐가는 모습이 안쓰러웠다. 밤에는 안방으로 나와서 목침을 베고 주무시며 시국을 원망하셨다.

'목침' 하면 아버지 생각이 난다. 딱딱하지만 머리가 시원하다며 약주에 취해 오셔도 목침과 잠을 청했다. 목침은 어머니 시집올 때 외할머니가 사위에게 준 혼수 예단이었다. 목침 베갯모에는 모란꽃 당초문양이 수 놓여있었다. 꽃분홍 모란이 기지개를 켜는 듯했다. 반만 핀 꽃은 소녀의 볼 인양 수줍어 발그레한 색상으로 수를 놓았다. 옆으로 당초문양 줄기가 연이어져 있었다. 사위의 수명장수와 가족 화목을 빌면서 수를 놓으신 할머니 마음이 느껴졌다. 한 세상 행복하게 살라는 뜻을 한 땀 한 땀 수를 놓으며 주문했을 것이다.

외할머니의 소원은 부귀영화보다는 장수를 기원한 듯하다. 할머니는 백년해로를 하는 딸의 삶에서 자신도 함께 호흡하고 싶으셨을까.

베개를 베고 주무시는 아버지 얼굴은 항상 편안해 보였다. 아버지 고개가 아래로 떨어지면 머리를 목침 위로 올려드리는 어머니 모습은 화려한 모란이 아닌 길섶에 핀 달개비 같았다. 남편을 섬기는 어머니 모습에서 여자의 행복은 가슴에 묻어두는 것이라고 말해주는 듯했다.

어머니가 모란꽃을 심은 것은 외할아버지를 그리워함이고 목침을 아끼는 것은 외할머니를 향한 사랑의 징표였다. 어느 날, 집 앞뜰이 삭막하게 변해서 나는 깜짝 놀랐다. 모란꽃이 사라지고 그 자리에 닭장이 들어섰다. 어머니의 가슴에서 평화가 사라진 후 꽃밭이 사라졌다는 것을 알았다. 어머니는 친절하게 다가온 여인에게 돈을 빌려주고 받지 못했다. 아버지께 꾸중을 듣고 민망한 나머지 가계에 보태려고 닭을 기르신 것이다. 그 후 어머니도 나도 모란꽃을 잊고 살았다.

장롱을 정리하다가 어머니가 내게 주신 모란꽃 베개를 보았다. 초록색 모본단으로 사방을 두르고 미색 바탕에 모란꽃 네 송이가 당초문양 줄기에 달려있다. 모란 꽃봉오리는 지금 내가 보러 가는 5개월 된 외손녀와 닮았다. 초록이 지천인 5월의 꽃밭에서 나는 할머니 향기를 마시며 세월 위를 거꾸로 걷는다.

유년의 동화 속으로

한때 우리 집은 서울 사직공원 근처 내수동에 살았다.

인왕산 향한 계단을 올라가면 막다른 길이 있었다. 길 왼쪽 낭떠러지 주위에 들꽃이 사랑스럽게 피어있어 꽃을 좋아하는 내가 자주 찾아가는 놀이터였다. 오른쪽에는 초록색 담쟁이가 담을 기어 올라가 빨간 벽돌 예배당은 동화 속에 나오는 마법의 성 같았다. 그 예배당을 꿈속에서 가끔 올라가 보곤 했다. 그리운 선생님을 만날 수 있을까 하고 찾아갔지만 만나지 못하고 허탈하게 잠에서 깼다. 지금도 선생님을 만났던 일을 잊을 수가 없다.

"얘, 네 이름이 무엇이니?"

"현경이에요."

까만 양복에 하얀 셔츠를 받쳐 입고 손에는 검정 가방을 들고 있었다. 집 앞에서 혼자 놀고 있는 내게 말을 거는 남자는 웃고 있었다. 얼굴이 뽀얗고 좋은 사람 같았다.

"현경아, 나하고 예배당 가자."

이 말이 무슨 뜻인지 모르고 선생님 손을 잡고 깡충거리며 따라갔다. 내가 교회에 발을 들여놓은 첫걸음이다. 크리스마스가 가까운 어느 날, 아이들이 모여서 '동방박사' 연극 연습을 했다. 구석방은 냉기가 돌았지만, 아이들이 수다를 떠느라 추운 줄도 몰랐다. 천사역인 나는 대사가 한마디도 없어서 재미가 없었다. 내 마음을 알아차리고 선생님은 나 혼자

무대에 올라서서 성경 구절 암송하도록 했다. 신이 나 엄마한테 자랑했다. 일제 강점기라 한글을 못 배워 읽지는 못했지만, 선생님이 읽어주는 대로 외웠다. 무대 위에 오르는 일은 연출이 필요하다. 선생님이 갑자기 성경책을 들고 하라고 하셨다. 글씨를 모르지만, 성경책을 보고 읽는 것처럼 똑똑한 발음으로 크게 소리를 내서 암송했다.

"요한복음 삼 장 십 육 절."

언니 오빠들이 손뼉을 치면서 웃는 소리가 들렸다. 잘해서 웃는 줄 알고 으쓱했다. 앞에 앉은 할머니 한 분이 크게 웃으셔서 당황했지만, 연습 한 대로 했다. 나는 성경책을 거꾸로 들고 암송한 것이다. 내가 글을 모른다는 것이 탄로가 났다. 딸들에게 웃으라고 이야기해 주니 "엄마 어렸을 때도 잘난 척했구나!" 하며 웃는 것이 아닌가.

나는 예배당에서 꿈을 꾸며 자랐다. 크리스마스 선물로 붕어과자도 주는 예배당에 가는 것이 좋았다.

어머니는 내 아래로 두 번째 남동생을 낳고 산후조리 중이셨다. 집안은 조용하다 못해 적적하다. 툇마루에 내려앉은 엷은 겨울 햇살을 바라보니 쓸쓸하고 심심했다. 누구하고 놀아야 하나. 집 앞에 나가 오랫말 놀이를 혼자서 하곤 했다.

언니는 나를 떼어놓고 혼자 놀러 다녔다. 이웃에 사는 언니 친구 집으로 언니를 찾아갔다. 해 질 녘 언니를 찾아다니는 내가 안쓰러웠는지 아주머니는 내 손을 꼭 잡고 저녁밥을 먹고 가라고 하셨다. 돌봐줄 사람이 없어서 언니를 찾아다니는 것을 알았던 모양이다. 그날 언니 친구 어머니에게서 흐르던 포근한 이웃사촌의 정을 잊지 못하고 산다.

지금도 나는 작은 친절에도 감동한다. 집으로 돌아왔을 때 엄마는 다시는 남의 집에서 밥을 먹는 것 아니라고 주의를 주셨다. 아무도 돌봐주지 않는 일곱 살 나는 언니와 동생들 사이에 끼어서 자랐다. 두 번 말하지 않게 말 잘 듣는 아이였다고 엄마는 내 어린 날 이야기를 들려주곤 했다. 다른 형제들 보다 여린 감성을 지녔던 것이 틀림없다. 어머니의 사랑을 확인할 때 뛸 듯이 행복했다.

엄마가 설빔으로 장만한 뉴똥 치마저고리를 입고 성경 암송대회에 나갔다. 치마에 입을 타이츠가 없어 언니 것을 입었는데 너무 커서 줄여야 했지만 엄마가 누워 계시니 조르지 못했다. 궁리 끝에 허리를 둘둘 말아서 가까스로 입었다. 흘러내릴까 봐 조마조마했다. 신경이 쓰여 혼이 다 나갈 지경이었다. 그 후부터 모든 일을 혼자 해결하려는 독립심이 생겼다.

집 앞에서 선생님을 기다리고 있다가 저만치서 선생님이 보이면 뛰어가곤 했다. 선생님 손을 잡고 계단을 올라 예배당에 다녔던 내 유년의 뜰은 지금 생각해도 늘 푸르다.

해방을 맞아 여덟 살 되던 해에 아버지 직장 따라 전주로 이사를 했다. 새로운 학교생활로 선생님을 잊고 시간을 보냈다. 다시 서울로 이사 온 후 내수동 예배당과 선생님이 그리웠다. 초록빛으로 물들이며 담쟁이가 기어 올라가던 빨간 벽돌 예배당이 내 마음의 고향인 탓일까. 꿈속에서 예배당에 가 보니 선생님이 안 보였다. 서운한 마음으로 돌아서 내려오곤 했다. 엄마의 옆자리를 동생에게 내어 주고 외롭던 일곱 살 나를 귀여워해 주던 선생님을 연애편지처럼 간직하고 있다. 이름도 모르는 선생님에 대한 기억은 나이를 먹었어도 선명하다.

분별 안 되는 말들을 뱉어내던 나와 선생님의 인연은 영혼을 살찌운 커다란 사건이었다. 그때 인연으로 나는 신앙 안에서 깊은 대화를 하며 산다.

왕따를 우정으로

8·15 해방 이듬해 나는 전주국민학교 2학년으로 전학을 갔다.

전학 가기 전에는 서울 사직 공원 뒤 매동국민학교에서 일본말로 1년 공부를 했다. 동네 아이들과 줄을 서서 등교하면서 땅에 떨어진 버찌를 주워 먹고 배탈이 나기도 했다. 한국말을 하다가 일본 선생님께 야단맞은 이야기를 나누면서 재미있어하던 친구들을 두고 아버지를 따라 전학을 갔다.

첫날 빨간색 공단 치마저고리를 입고 어머니하고 등교를 했다. 서울에서 우리 반에 새로 들어온 친구라고 선생님이 소개를 하자 한 아이가 소리를 질렀다.

"아, 빨강 귀신이다."

아이들이 모두 웃어서 내 얼굴은 홍당무가 되었다. 국어 시간에 선생님 질문에 '호주머니'라고 대답했더니 웃음바다가 되었다.

"뽀껱도를 호주머니래여."

그 말에 내 대답이 틀렸나 하고 당황하고 무안했다. '뽀껱도'가 무슨 뜻인지 어머니께 물으니 영어로 주머니라는 뜻이고 일본식 발음이라고 했다. 내 말씨 흉내를 내면서 '서울깍쟁이'라고 놀릴 때면 속상했다.

전학하고 며칠 지나지 않아 김순이 담임선생님이 편찮으시다고 결근을 하셨다. 선생님은 갸름한 얼굴에 바알간 입술을 한 단정한 분이셨다. 까미 머리를 하고 다니는 선생님은 은근히 분위기가 있었다. 가끔 웃을 때는 수심이 보였다. 그런 슬픈 모습의 선생님을 나는 좋아했다.

전학하여 환경이 낯설었는데 선생님은 나에게 용기를 주었다. 학예회 때는 주인공 역을 맡겨 주셨다. 제목이 '깨어진 벼루'라는 짧은 연극으로 왕자의 관심을 받는 시녀 역이었다. 귀물인 벼루를 왕자에게 전하려고 조심조심 걸어가고 있는데 어떤 예쁜 여자가 갑자기 나타나서 팔을 툭 치는 바람에 벼루를 떨어뜨려서 울고 있는 시녀연기를 했다.

연습 때는 무난하게 했는데 막상 학예회 당일에는 아침부터 목이 쉬어 소리가 안 나와서 연극을 망치고 말았다. 선생님은 괜찮다고 위로해 주셨지만 창피한 것 보다 반 아이들에게 미안하고 부끄러워 털썩 주저앉아 울었다. 커다란 슬픔을 안고 혼자 집으로 왔다. 학교에서는 없어진 나를 찾는 소동이 벌어졌고 어머니께 꾸중을 들었다. 그런 일이 있은 후 선생님께서 병이 나셨다. 선생님이 너무너무 보고 싶었다. 내가 속을 썩여 드린 것 같아서다.

반장하고 몇 명의 아이들이 선생님 댁에 병문안을 간다고 상의하는 것을 들었다. 같이 가자는 아이가 없어도 나는 아이들 뒤를 따라갔다. 선생님은 시내에서 떨어진 동네 작은 방에 세 들어 혼자 살고 계셨다. 방안을 살며시 둘러보니 선생님처럼 예쁘게 정돈되어 있었다. 툇마루 앞뜰에는 채송화가 방글거리고 있었지만, 서산 너머로 지고 있는 햇살은 주위를 쓸쓸하게 했고 내 마음도 어쩐지 슬펐다.

"예쁜 꼬마 아가씨들 먼 길을 걸어서 오느라 고생했네. 공부도 잘들 하고 있지."

"현경이도 함께 왔구나. 다들 착하기도 해라."

멀리 까지 걸어서 문병 온 것을 고마워하셨다. 하나하나에 따뜻한 시선을 주면서 칭찬해 주셨다. 같이 오자고 권하지는 않았지만 동행하는 것을 마다하지 않았으니 착하고 고마운 친구들이다. 집으로 오는 길은 행복했다.

"현경아, 이쪽이 더 좋아 이 길로 들어와."

친구들과 절친이 된 느낌이었다. 어디서 상쾌한 바람이 불어온다. 두근거리는 내 가슴을 쓰다듬어주니 기분이 좋았다. 오는 길에 정자네 집에 들러서 찐 감자를 먹을 때 나도 모르게 사투리가 튀어나왔다.

"어여 먹어 보드라고."

나는 사투리를 쓰고 친구들은 서울 말씨를 쓰면서 급속히 친해졌다. 놀리는 일도 사라졌다. 선생님께서는 끝내 교실에 오지 못하셨다. 칭찬과 격려로 우정을 찾게 도와주신 선생님은 살아계실까. 구수한 사투리로 정이든 어렸을 때 전주 친구들도 많이 보고 싶다.

감자전과 꿀

동해로 여름휴가를 가자며 남편은 신바람이 났다. 나는 여름철이면 부모님과 동생들과 함께 우이동 계곡에서 발 담그고 놀던 추억이 떠오른다. '여름휴가'를 생각하면 빛바랜 흑백 사진처럼 쭈뼛거리는 이야기가 있다.

오래전 여름휴가를 떠나려던 날 새벽, 남편 직장에서 긴급호출 전화가 왔다. 쌌던 짐을 풀면서 막내딸이 다리를 뻗고 엉엉 울었다. 딸들은 그런 트라우마가 있어서 휴가철 놀러 가자는 남편의 말에 심드렁해서 각자 방으로 들어갔다.

"이것 보아라, 안가면 아깝지."

당황한 남편은 동료에게 점심을 사주고 얻은 엽서 크기의 초대장을 흔들며 보여준다. 막내딸은 아버지에게 안기며 뽀뽀를 했다. 목적지는 아름답다고 소문난 동해안 경포해수욕장이다. 여행은 무조건 떠나는 것이다. 대학 1학년 큰딸은 공부가 있어 집에 남겠다고 했다. 세 딸은 신이 나서 여행에 입을 옷을 서로 골라주며 짐을 쌌다. 한 차에 6명이 탈 수 있는데 큰애가 안 가니 한 자리가 남았다.

남편은 친정어머니를 모시고 가자고 했다. 아버지를 먼 세상으로 보내드린 후 어머니 혼자 살고 계신 터였다. 친정 형제 넷이 모두 외국에 나가 공부와 직장근무를 하고 있었다. 나는 시모님 모시고 식구들 앞가림에 동동거리며 사느라 친정어머니를 자주 찾아

뵙지 못하고 살았다. 내가 미처 생각지 못한 친정어머니에 대한 남편의 배려에 순간 콧등이 시큰했다. 어머니는 손녀들 간식을 준비 못 해서 민망해하면서도 기다렸다는 듯 선뜻 나섰다. 아이들은 뒷자리가 비좁아 포개 앉아도 외할머니하고 같이 가는 여행이 좋단다.

"장모님, 저희가 가는 곳이 불란서식 방갈로랍니다." 남편은 바다 풍경이 아름다운 곳으로 장모를 모시게 돼서 마음이 뿌듯한 모양이다. 장모님을 모시고 나들이 가는 남편의 콧노래가 청아한 직박구리 노래 같다. 아카시아 꽃향기가 차 안으로 스며든다. 바닷가에 도착하자 아이들은 용수철처럼 튀어 내렸다. 가설 수도에서 쌀을 씻는 처녀, 찌개 끓이는 총각들이 저녁 식사 준비하는 풍경이 싱그럽다. 시골 저녁 굴뚝 연기가 아니어도 해변에서 밥 짓는 가스 연기를 보는 것도 즐거운 여행이었다.

텐트가 울긋불긋 그림같이 늘어서 있다. 우리의 불란서식 방갈로는 어디쯤에 있을까. 아이들은 두리번

거린다. 사무실에서 알아보고 온 남편의 아리송한 표정이 미심쩍다. 텐트 무리 중 하나가 우리의 방갈로인 것이다. 겉모양이 예뻐서 불란서식 방갈로인가. 어두컴컴한 텐트 안으로 들어가 보니 흙바닥 위에 나무판자를 덜렁 올려놓은 마루방 하나가 우리를 보고 능청스럽게 "어서 오시오" 한다. 불을 밝히려는데 늘어진 전깃줄에 전등 한 개가 걸려 있다. 거미줄이 얼굴을 슬슬 스치는데 으스스한 것이 마치 박쥐 동굴에 들어온 것 같다. 저녁밥은 어떻게 먹었는지 번갯불에 콩 구워 먹듯 했다. 수건으로 마루방을 닦고 여섯 식구가 쭈그리고 앉아서 밤을 새웠다.

청춘들은 고삐 풀린 망아지들처럼 하늘을 지붕 삼아 밤새도록 '소양강 처녀'를 소리쳐 불렀다. 밤하늘을 올려다보니 달님은 웃고 별님은 깜짝 놀라 깜빡거린다. 소음이라고 느끼면 조용히 하라고 하겠지만 청춘의 합창이라고 들으니 괜찮았다. 일터에서 받은 스트레스를 몽땅 날려 보내고 일상으로 돌아가라고 청춘들에게 박수를 쳐 주고 싶었다.

우리는 새벽달과 함께 오대산으로 향했다. 월정사 푸른 숲이 푸근하게 품어 주었다. 맑은 계곡물에 손을 담근다. 송사리 떼가 놀란 듯 이끼가 낀 자갈 밑으로 숨는다. 고즈넉한 월정사 숲속 바람결에 아버지가 보이는 듯 어머니는 눈을 감는다. 나도 흔들리는 나뭇잎에서 나오는 오대산 정기에 세상 염려를 모두 실어 보냈다.

낯선 곳에서 별식을 찾아 먹는 재미가 여행의 즐거움이다. 오대산 입구에 있는 한식 음식점에 들어갔다. 장모님이 건강하셔야 또 모시고 온다며 남편은 감자 부침개, 더덕구이, 구운 마늘을 밥 수저에 얹어 드렸다. 그는 어머니에게 항상 다정했고 어머니는 남편을 아꼈다. 큰아들이 나이가 어려서 사위를 아들같이 의지하셨다. 남편은 장모가 신혼 때 사준 하얀 테니스 잠바를 좋아해서 소매 끝이 나달나달해질 때까지 입었다.

그동안 시모님 모시기에 여념 없던 나도, 직장 일에 몰두하던 남편도 어머니에게 무심했었다. 이번 여행에 함께 지내는 내내 어머니 얼굴이 아침 햇살처럼 밝았다. 우리는 서울로 돌아오는 길에 수안보 온천에 들렀다. 아버지가 대전에서 근무하실 때 어머니가 유성온천을 좋아해 자주 다니셨던 기억이 났다. 근대 된장국으로 저녁밥을 먹고 온돌방 하나에서 다 같이 나란히 누워 밤을 지냈다. 아이들은 외할머니가 주는 용돈으로 간식을 사 먹는 재미에 마냥 싱글벙글했다.

"CARPE DIEM, 눈앞의 기회를 놓치지 말라."

사랑스러운 손녀들과 지낸 며칠이 유럽여행을 다녀오신 것보다 행복한 나들이였다고 어머니는 고백했다. 집에 있던 큰딸은 불란서식 방갈로 사건 이야기를 듣더니 깔깔 웃는다. "난 그런 줄 알고 안 갔어요." 모처럼의 가족여행에 실망을 줄 수 없어 잠자코 있었단다.

어머니는 사위 사랑이 담긴 꿀 병을 남편에게 내놓았다. 수안보 온천에서 사신 모양이다. 둘째 사위에게 주는 장모의 마지막 선물이었다. 어머니는 불란서식 방갈로 여행으로 행복했던 순간을 가슴에 품고 아버지 곁으로 여행을 떠나셨다.

나는 여름철이 되면 추억 속에 머물러 어머니와 그때 이야기를 한다.

"부모님이 우리의 어린 시절을 꾸며 주셨으니
우리는 부모님의 말년을 꾸며 드려야 한다."
-생 텍쥐베리-

박꽃

저녁 무렵이면 할아버지 댁 초가지붕을 가득 덮은 박꽃이 등을 켰다.

노을빛을 머금은 박꽃은 밤이 이슥할 때까지 환하게 빛났다. 박꽃의 시간은 별빛을 찾아 헤매고 있었다. 지금 나는 박꽃의 시간을 살고 있다. 내게도 들장미였던 시절이 있었다. 분주하게 사느라 봄을 놓쳐버리고 허전한 마음으로 집으로 돌아오는데 들장미가 나를 보고 활짝 웃는다. 동네 허름한 담벼락에 들장미가 무더기로 피어있다. 하루의 고단함을 비워내게 한다. 나에게 살아있어 감사하다는 마음을 일러주려 찾아온 것은 아닐까.

집 앞 공터에도 장미와 찔레꽃이 한데 어울려 피어있다. 장미의 열정과 찔레의 애잔함이 서로 어우러져 사는 우리의 모습을 닮았다. 빨간 장미의 열정과 하얀색 찔레는 서로 보완적인 아름다움을 지녔다. 내게는 이 두 가지 꽃에 관한 추억이 있다. 하나는 그와의 인연이고 하나는 가보지 않은 길이다.

귀뚜라미가 우는 밤이면 나는 온갖 상념에 젖곤 한다. 우리는 함께 가면서도 각자 창밖을 바라보면서 자기만의 생각에 빠져 있곤 한다.

봄철이면 사방에 장미꽃이 피어있다. 연인의 장미꽃 다발을 못 받아도 괜찮다. 꽃무리 사이로 살랑대는 바람이 노래를 한다. 한바탕 열정이 떠난 자리에 하얀 박꽃이 그리움처럼 피었다.

한국전쟁을 겪고 난 후 여중 시절, 루시앙 프로이트의 '장미를 든 소녀' 그림을 책에서 보았다. 아름다운 장미를 들고 있는 소녀의 표정은 시무룩했다. 그도 그럴 것이 장미 가시를 초조하게 만지작거리는 그림이다. 나는 충격을 받았다. 소녀는 장미의 가시에서 무엇을 찾고 있었을까.

장미는 아름다운 여인의 상징이다. 정열적인 장미꽃에 심장을 찌르는 것 같은 가시가 돋친 것은 뾰족한 마음이라고 생각한다. 식물도감을 찾아보니까 가시는 장미꽃을 벌레로부터 보호하기 위함이란다. '가시 많은 장미가 더 향기롭다'라는 라틴의 격언도 있지 않은가. 쉽게 다가갈 수 없는 여자를 비유한 말이지만 페미니즘적인 의미가 담겨 있어서 좋아하지 않는다.

살면서 겪은 아픔과 상처가 내 마음에도 가시처럼 도드라져 있다. 가시는 장미를 빛나게 하고 나의 뾰족한 마음은 많은 것을 품을 수 있게 한다. 삶을 한층 더 향기롭게 만들어 주었다.

첫눈이 희끗희끗 내리던 초겨울, 그립다는 말로 표현하기에는 필연적인 인연으로 그를 만났다. 지금도 한 장의 흑백 사진으로 간직하며 가끔 들여다본다. 그것은 오늘까지 박꽃으로 살아온 나의 힘의 원천이다.

겨울 삭풍이 뼛속으로 스며들던 정월 초하룻날, 세배 오는 손님상 차림 준비를 돕고 있었다. 전화 저 너머에서 그는 나의 이름을 불렀다. "나오라"는 그의 목소리에 나도 모르게 화답을 했다. 까스러진 성격 탓에 누구에게도 마음을 기울이지 않던 내가 그에게 이미 갸우뚱 한 것이다. 눈꽃 송이가 하늘에 은회색 물감을 풀어 놓은 그 날, 나는 빨간색 장미꽃을 떠올렸다. 그는 그런 꽃을 줄 생각도 없는 것 같았다. 겉모습과는 달리 정서는 메말라 있는 것 같았다. 꽃은 꽃이로되 호박꽃에도 약한 가시가 있듯 이성을 대하는 나의 까칠한 성격에도 가시가 있었다.

눈 내리던 날 그의 호출로 우리는 부부의 인연을

맺었다. 어느 날 그가 나에게 꽃 한 송이를 불쑥 내밀며 웃었다. 빨간 장미꽃 한 송이다. 백만 송이는 아니어도 열 송이도 아닌 고작 한 송이라니! 볼멘 표정을 참고 받는 순간 앗, 가시에 찔린 손에서 빨간 피가 앞치마를 물들이는 것 아닌가. 그날 그는 병역 미필자로 직장에서 쫓겨난 우울한 날이었단다.

장미 가시는 장미를 보호하기 위한 존재다. 장미도 아닌 나는 세상사를 이겨내기 위해 가시로 무장을 했는지 아니면, 누군가를 마구 찌르며 살았는지 알 수가 없다. 세월은 살같이 흘러 그와 나는 마음도 많이 닮았다. 오늘날까지 그의 마음 꽃 장미꽃을 얼마나 많이 받았을까. 백만 송이 보다 더 많은 장미를 내게 주고 또 주었다. "피~장미 한 송이네" 하며 그를 속태우던 나를 여기까지 끌고 오느라 등허리가 고장 난 것일까. 가시 같은 나의 잔소리가 아름다운 향기를 뿜어내 행복한 노년을 즐기며 사는 것인지도 모른다. 그가 준 장미꽃 향기에 취해서 여기까지 왔다. 내 생애 처음 받아본 빨간 장미꽃 한 송이는 위대했다.

56년 전에 그가 당당하게 내밀 던 장미 한 송이 이야기는 우리의 멋진 전설이 되었다. 담배 한 갑 값과 맞먹는 것이었을까. 화려한 어느 꽃다발보다 한 송이에 담긴 그의 애틋한 마음이 내 마음을 적셨다.

나는 지금 박꽃이다. 가슴에 빨간 장미를 품고 빛을 밝히는 장밋빛 박꽃이다.

어느 여름날 이야기

노루 한 마리가 친구를 찾아 숲 밖으로 나왔다.

잔디밭을 한가로이 거닐며 한낮의 더위를 견디고 있다. 누구를 찾아 나선 길일까. 폭염이 점령한 하늘 아래 가느다란 다리가 슬프기까지 하다. 가냘픈 모습과는 달리 더위와 친해 보려고 애쓰는 듯하다. 누구나 자신이 놓여 있는 상황에서 현실을 바라보게 된다. 나의 눈에는 외로워 보이지만 저 노루는 자기의 처지를 잘 받아들여 여유롭다. 숲에서 다람쥐를 만나

놀면 더위를 잊을까 하는 마음일지도 모른다.

피서지에서 큰딸이 보내온 한 컷의 노루 사진이 한낮의 나른함을 깨운다. 문득 방황하는 노루가 상상의 나래를 펴게 한다. 이런 날이면 냉커피 한잔 놓고 친구와 그리움을 마시고 싶다. 요즘 나의 모습과 노루의 생각이 닮은 듯하다.

장맛비가 우면산 얼굴을 씻어 준다. 창을 열고 바라본다. 세차게 내리는 빗줄기를 보면 정신이 맑아지고 상쾌해진다. 내 마음이 유리창처럼 환해졌다.

나는 교회 공동체에서 함께 일한 자매들과 하는 모임이 있다. 마음이 맞아 깊은 정으로 맺어진 관계는 때로는 형제 같은 느낌이다. 나에게는 염천을 건너가는 복중에 시원한 얼음냉수 같은 자매들이 있다.

"꽃 빙수를 보냅니다."라고 모두에게 이모티콘이 왔다. "카톡카톡" 답변이 왔다. 꽃 빙수를 보니 더위 먹은 몸에 생기가 돈아요 라는 답변도 있다. 자매님들과 마주 앉은 듯 반가웠다. 소나기에 흠뻑 젖은 느낌이라고 할까.

나는 즉시 "꽃 빙수를 먹고 싶네요."라고 했다. 빙수를 사주겠으니 번개팅으로 모이자는 문자가 올라왔다. 그 제안에 모두들 신이 났다. 주안에서 사랑으로 맺은 자매들답다. 서로 식사를 쏘겠다, 빙수를 대접한다는 답 글이 올라갔다. "카톡카톡" 반가운 소리가 수다를 떨고 있는 듯하다. 옆에 있던 남편이 나를 보며 활짝 웃는다. 둘만의 대화가 없는 공간에 청량제라도 된 것일까. 남편은 나보고 식사비용을 내라고 한다.

낼 사람이 줄 서 있으니 박현경 권사가 내겠다는 둥, 이러쿵저러쿵하면 "절교예요" 내게 내린 엄명에 겁먹은 나는 입을 닫았다. 정말 못 말리는 어리바리다.

일곱 명이 모였다. 휴가철 번개팅 모임인데도 틈이 있었나 보다. 서로 대접하겠다고 아옹다옹하는데 절교 당할까 봐 나만 빈손으로 나갔다. 작은 선물을 준비한 사람도 있었다. 절교라는 엄포에 지갑도 안 열고 선물까지 받은 기분 좋은 날이었다. 이런 경우에 호박이 넝쿨째 굴러 들어왔다고 하는 것일까. 헤어질 때 내 덕으로 즐겁게 지냈다는 인사까지 받았다. 내가 빙수 먹고 싶다고 빠른 답을 해서 이루어진 번개팅이란다.

여름이 최고조에 다다랐다. 선물을 받는 날은 따로 있나 보다. 집에 오니 나주에서 기정 증편 한 상자가 배달됐다. 함께 서대, 우럭도 받았다. 미장원 원장 친구가 보낸 것이다. 인연이란 참 묘한 것이다. 미장원에서 본 것이 전부인데 그 친구와 정이 들었다. 지방으로 이사를 한다는 소식에 충격이 되어 눈물을 흘리던 기억이 떠올랐다. 십수 년 미장원에서 만나 너나들이로 만나 어울렸던 친구의 소중함이 느껴졌다. 이별이란 약속된 것이 아니지만 멀리 떠나간다는 말에 울적해졌다.

노년에 이르러 살던 집을 처분하여 아들들에게 나

누어 주고 세간을 줄여서 간단다. 내가 기차에서 점심 요기 하라고 내민 작은 마음을 받고 짐스러웠던지 선물을 보내온 것이다.

받는 즐거움보다 주는 즐거움이 더 크다는 것을 알고 있는 나도 별수 없는 속물인가 보다. 선물 소나기에 마냥 즐거운 내 표정이 천진하다는 생각이 든다.

운수 좋은 날은 무더위도 선물 받듯 받아들이려고 한다. 여름을 견디며 열정으로 얻은 삶의 기쁨은 얼마나 뿌듯할까. 우면산 바람이 새들의 말을 전해 온다. 들꽃 사이에서 엿들은 말을 속삭인다.

노루는 나처럼 덥다고 불평하지 않을까. 더위를 견디며 친구를 찾아 나서듯 나도 나만의 세계를 향하여 열심히 걷고 있다. 뜨거운 여름 볕을 이겨내는 노루를 보면서 나는 여름 나기를 한다. 노루가 다람쥐를 만나 뛰노는 사진이 오기를 기다리고 있다.

번개팅을 제안하고 행복한 시간을 선물해준 '예쁜 권사님'에게 이 여름 일기를 보낸다. 나는 아직도 소녀 감성을 지니고 있는 것일까. 작은 것에도 마음이 움직일 때가 있다. 오래도록 지녀온 나만의 철학, 배우며 사랑하며 살아가고 싶다.

2005.5 park

H.K. Park
05. 5. 11

3부

가을 삽화

빈자리

삶의 여유를 위해 고전음악을 감상한다.

장중하게 흐르는 교향악을 듣고 있으면 지나온 인생의 파도를 넘는 듯하다. 첼로의 느리고 여린 음률은 마음을 따뜻하게 감싸준다. 음악을 따라가는 마음밭에 별빛이 내려앉는다. 나는 삶에 지쳐 쉴 곳을 찾아 헤맬 때 안드레아 보첼리의 노래를 듣곤 한다.

Time to say goodbye를 들으면 다람쥐 쳇바퀴처럼 여유 없이 돌아가는 하루 삶에 쉴 자리가 생긴다. 눈물로 소금을 만들던 때가 언제였던가. 허공에 무수한 발자국을 찍어대던 마음에 울림이 있어 활기를 느낀다. 바닥까지 가본 사람들은 말한다. 바닥까지 가야만 다시 돌아올 수 있는 것이라고 말이다. 바닥은 없기 때문에 있는 것이고 보이지 않기 때문에 보이는 것이다. 내가 지금까지 열심히 산 것은 마음에 빈자리를 마련하기 위함인지도 모른다.

마음을 비운다는 것은 집착을 버리는 일이다. 어제는 낡은 고리짝에 싸 놓은 기념물들을 버렸다. 첫아이 두렁이, 나뭇가지로 된 송아지, 몽마르트르 언덕에서 산 백통강아지를 좋아하는 사람들에게 나누어 주었다. 버릴 것 목록을 만들고 차례대로 버리는 연습을 하는데 적용할 수 없는 물건이 있다. 종이가 노랗게 물든 어머니 엽서와 출장지에서 보내온 남편 편지, 시집가서 보내온 딸들의 편지, 손자 손녀가 그려준 카드는 고리짝 한편에 보관하기로 했다. 내 삶에 용기를 주던 사랑의 메시지라 정이 듬뿍 들었다.

가족의 역사적인 기록은 내가 살아온 삶이다. 내가 떠나고 없는 빈자리에 놓아둘 것은 구별하여 남겨두려고 한다. 내 글들로 채운 공간이 자녀·손들에게 따뜻한 체취로 남기를 바라는 마음이다. 인생의 짠맛을 느끼며 용기를 얻기 바라는 마음도 끼워 넣고 있다.

삶의 공간을 조금 비워 마음에 틈이 생긴 것일까. 저 멀리에서 봄이 오고 있음을 느낀다. 오늘도 물건들과 정을 떼는 연습을 한다. 살 때는 소중하다 여겨 비싼 값을 내고 샀지만 버려지는 물건들을 보며 무엇이나 때가 있다는 생각을 한다. 여행할 때 보름 동안 입고 지냈던 티셔츠와 함께했던 추억도 버렸다. 안 입는 옷들을 단정하게 개서 재활용 박스에 배출했다. 늘 비좁다고 투덜거리던 옷장이 넓어졌다. 한낮 봄볕이 창 안으로 얼굴을 들이밀며 웃는다. 우중충하던 집안이 꽃단장한 새댁 얼굴처럼 화사해졌다.

라디오에서 흐르는 조성모의 노래 '내 속에 내가 너무 많아'라는 가사의 '가시나무 새'가 마음을 건드린다. 순간 버리는 물건들 하나하나에 '나'로 꽉 차 있다는 생각이 든다. 화장대 거울을 보니 얼굴은 나만 열심히 살았다는 듯 까칠한 표정이다. 경직된 표정 너머로 머리카락 몇 가닥을 브리지 한 손녀에게 검은 머리 예찬을 늘어놓으며 상처 준 일이 떠오른다. 경우에 어긋나면 참지 못하고 내 뜻이 정답이라고 우기며 산 것들이 파도처럼 멀리 퍼져나간다.

나는 지속되는 것과 흘러가는 것 사이를 불안정한 동요로 지나왔다. 칭찬을 바라는 마음을 무참하게 넘어뜨리고 겸손을 결심했지만 쉽게 도망가기 일쑤였다. 그런 나의 정서는 가끔은 이율배반적이기도 하다. 상처를 받은 내 자존심은 작은 위로의 말에도 곧잘 울먹인다. 때로는 어두운 동굴 속 같은 마음을 나도 알 수가 없다.

유리잔은 물이 가득 찰수록 맑은소리가 난다. 속이 차 있어도 비어 보이는 유리컵 같은 사람에게서 매력을 느낀다. 욕심으로 부대끼며 속앓이를 하는 마음을 강물에 띄워본다. 고집하며 살았던 삶도 흘러가다가 소멸하는 것일 테지. 붙들렸는가 싶으면 떠나고 지속되는 가 싶으면 흘러가고 소멸된 줄 알았던 것들이 여전히 나를 붙들고 있다. 보첼리의 노래를 들으며 깊은숨을 몰아쉰다. 눈을 감고 듣는 노래는 공명이 되어 하늘로 퍼진다. 텅 비워진 시간 아무것도 아닌 내가 된다.

공원 산책길에 누군가 앉아서 대화를 나누다 떠난 빈자리가 손짓을 한다. 나는 누구의 빈자리가 되어 주었던 적이 있는가. 빈자리가 된다는 것은 아무 말 나누지 않아도 옆에 있기만 해도 마음 편한 사람일 것이다. 상쾌한 아침 햇살 같은 사람으로 기억되고 싶은 것은 욕심일까.

가을 단풍

지난 세월을 얼굴에 가득 담고 있는 것은 단풍이다. 불타는 듯 정열적인 모습으로 온 산을 뒤덮은 가을 단풍은 사람들 마음도 물들게 한다. 높은 하늘과 서늘한 공기는 지난여름의 고단함을 날려 보내게 한다.

단풍의 백미는 노란빛이다. 붉은색을 으뜸으로 손꼽지만, 노란색은 쉽게 가을에 동화되게 한다. 봉평 이효석 문학관 가는 길에 '사시사시'하며 속삭이는 소리에 머리를 들어 나무들을 보았다. 키가 호리호리한 사시나무는 노랑 잎을 이고 나부낀다. 미풍에 흔들리는 나뭇잎이 수줍은 새색시가 걷는 모습이다. 주변을 둘러보니 온통 황금빛 터널이다. 노랑 사시나무 단풍에 나이를 잊고 탄성을 질러 본다.

단풍은 견뎌온 세월의 흔적이다. 봄, 여름 내내 뜨거운 햇볕과 비바람을 이겨내며 아름다운 옷으로 갈아입는다. 내 얼굴에는 어떤 빛깔이 내려앉아 있을까. 빨강, 노랑 단풍잎이 나비 춤추듯 팔랑거린다. 그냥 지나치기 아쉬워 떨어진 잎을 주웠다. 멀리서 볼 때는 색도 모양도 똑같아 보였는데 가까이 보니 우리들 얼굴 표정처럼 각각 다르다. 큰 잎, 작은 잎, 곱게 물든 잎, 누렇게 된 잎, 귀퉁이가 찢어진 잎, 반쯤 상한 잎, 모양도 색깔도 다르다. 고운 나뭇잎을 골라 책갈피에 넣었다가 그냥 내려놓았다. 나뭇잎을 간직하는 게 무슨 의미가 있을까. 귓가에 대고 단풍잎의 소리를 들어본다. 땅 위에 수북이 쌓인 채로 추운 겨울날 나무의 이불이 되고 싶다고 말하는 듯했다.

햇볕과 수분, 바람을 다르게 받아들여서 모습이 다른 것이지 모두 귀하다. 단풍은 긴 인내 끝에 곱게 물들어 색의 잔치로만 보여주는 것이 아니다. 겨울 동안 대지를 푹신하게 만들어 걷는 이들을 즐겁게 하기도 한다.

나도 인생의 옷을 벗어야겠다. 나무가 단풍 잔치를 끝내고 나뭇잎을 벗는 것은 겸손의 미덕처럼 느껴진다. 나는 젊은 날 단풍처럼 화려하게 살아보려고 애를 많이 썼다. 열심히 사는 것과 허욕은 다르다. 순리를 따르고 자연스러운 나의 모습을 다듬을 때 진정한 멋이 우러나온다. 곱던 단풍이 미련 없이 낙엽이 되는 모습을 보며 인생의 황혼 길에 선 나를 본다.

'아, 그렇겠네, 괜찮아, 걱정하지 마~'

속삭이며 타이르는 듯 내려온다.

오늘 여고 동창 모임이 있어서 서둘러 나갔다. 인생의 가을을 맞은 친구들 마음 밭은 단풍으로 곱게 물들어 있었다. 노랑, 빨강, 밤색, 진초록, 색색이다.

고운 색으로 포장했지만 벌레 먹은 몸은 밝은 미소를 빼앗아가기도 했다. 예쁘지 않은 낙엽이 우리를 위로한다. 서로 감싸며 우리는 석양을 향하여 종종걸음으로 가고 있다. 마음을 살찌우는 성숙한 나무를 보며 나도 완성도가 높은 수필나무를 가꾸고 싶다.

빨간 엽서 한 장

은행잎이 노랗게 물드는 해거름에 동네 어귀로 어머니 마중을 나갔다. 아침에 까치가 우는 날이면 어머니가 부산에서 반찬을 이고 지고 오실 것 같았다. 해가 지고 어스름할 때까지 기다렸다. 어렸을 때 꿈에서 엄마를 본 날도 문밖에 나가서 기다리곤 했다. 시골 할아버지 댁으로 쌀 가지러 간 엄마를 나 혼자 맞이하고 싶었던 것이다.

내가 고등학교에 다닐 때였다. 어머니는 어느 조간 신문에서 연재하던 박화성 작가의 소설을 애독하셨다. 어머니의 외로움을 달래주는 이야기에 귀 기울이셨을까.

나는 대학 시절 검은색 아니면 회색 옷을 즐겨 입었다. 어머니는 빨간색 원피스를 맞추자고 하셨지만, 빨간색은 화려하고 지적으로 보이지 않아 싫었다. 어머니는 숙녀가 되어가는 딸의 옷매무새에도 관심이 많았다. 내 취향은 무시하고 어머니 뜻대로 빨간색 원피스를 맞춰놓으셨다. 패션 감각도 남달랐다. 졸업 사은회에 가서 나는 인기 최고였다. 어머니는 잃어버린 청춘을 내게서 찾고 계셨던 모양이다.

불혹의 나이에도 어머니의 모습이 고와 까만 실크로 원피스를 맞춰드렸다. 한결 곱고 우아하셨다. 그러나 어머니 표정은 밝지 않았다. 지금 생각해 보니 화려한 빨간색을 입고 싶으셨는데 참으신 것 같다. 어머니는 원피스를 입고 아버지와 함께 가끔 명동으로 산책하러 가셨다. 아이스크림도 먹으며 데이트를 즐기고 온 어머니의 얼굴은 늘 밝았다. 아버지가 "멋쟁이네"라고 칭찬하셨단다. 지금도 어머니 목소리가 들리는 듯하다.

꿈속에서 언니가 자고 있는 내 흉을 본다.

"쟤는 코가 커서 그런지 고집이 세요."

"가만두어라, 코가 크면 잘 산단다." 볶음밥 냄새에 화롯가 어머니 곁으로 수저를 들고 다가앉았다. 어머니를 두 팔로 감싸 안았다. 내 편을 들면서 등을 토닥이던 어머니가 홀연히 사라졌다. 머리에서 가슴으로 시린 바람이 스쳐 지나간다. "어머니" 소리치면서 눈을 떴다. 흐느낌은 멈췄으나 베갯잇이 젖어있었다.

나는 외국에서 돌아와 아이들 학교문제로 부모님께 문안 인사를 소홀히 했다. 어머니 회갑도 몰랐지만, 서운한 내색은 안 하셨다. 회갑 축하기념으로 파리에 계신 숙부님과 런던에 있는 남동생이 어머니를 초청했다. 젊은 날 영어 공부를 열심히 하시더니 요

긴하게 쓰일 기회가 왔다며 흥분하는 어머니의 얼굴은 하회탈처럼 웃었다. 어머니 유럽 여행에 입을 옷을 점잖은 팥죽색으로 맞춰드렸더니 별로 즐거운 표정이 아니었다. 빨간색 옷을 입고 싶으신 어머니 마음을 읽지 못했다.

1980년 61세 여자 노인이 외국으로 여행하는 일이 드물었다. 어머니가 서툰 영어로 대답하고 기록하는 것을 보고 외국인이 눈을 똥그랗게 뜨고 감동했단다. 돈키호테 같은 실수담 중, 남의 가방을 갖고 나가다가 혼이 났는데 어머니 가방에서는 된장 냄새가 났단다.

힘든 시간만 흘러가는 것이 아니다. 놓쳐서는 안 되는 귀한 것들도 모두 함께 시간 속으로 흘러간다. 내가 어머니에게 달려갔지만, 어머니는 기다려 주지 않고 떠나셨다. 수필 반에서 엽서에 관한 강의를 듣던 날도 꿈에서 어머니를 뵈었다.

그리운 이에게 엽서를 썼으나 받을 사람이 이 세상

에 없어서 작가는 슬펐단다. 망설이다가 우체통에 넣고 돌아섰다는 '엽서'를 읽고 나의 엽서를 받을 어머니가 이 세상에 안 계시다는 생각에 나도 슬펐다.

1980년 12월 20일, 파리에서 어머니는 베르사유 궁전 뜰에 가득한 빨간 장미 엽서를 보내셨다. 지금도 편지상자에 간직하고 있는 엽서에는 어머니의 마지막 손 글씨가 씌어있다. 어머니 체취를 느끼고 싶어 품 안에 꼭 껴안아 보았다.

'삼촌 내외의 환대에 피로한 줄 모르고 지낸다. 목소리 듣고 싶구나.'

어머니의 악필은 나만 알아본다. 누렇게 변한 엽서 위에 정다운 어머니 얼굴이 겹쳐진다. 빨간 엽서에서 풍기는 오래된 종이 냄새가 베르사유 장미꽃보다 향기롭다.

딸들이 가족들과 분주하게 지내느라 내게 무심할 때가 있다. 쓸쓸한 것은 우리의 숙명이지만 서운할 때가 있다. 어머니가 보낸 엽서를 읽어 본다. 시간에 푹 절어진 빨간 화롯불 풍경이 어머니를 데리고 나온다.

호박죽

어느 초가을 아버지가 뜰 앞에 핀 옥잠화를 물끄러미 바라보신다. 아직 햇볕은 따가워도 바람은 선선한데 방문을 활짝 열어놓고 영어 사전을 이리저리 뒤적이는 데 딱히 열중하는 것 같지는 않으셨다. 좋아하는 테니스도 안 가고 집에만 계시는 것이 쓸쓸해 보였다. 60여 년 전 내가 꿈을 그리던 열일곱 소녀 시대 이야기다.

남동생 넷, 친척 셋, 일곱 명의 남자들이 공부하다가 쉬려고 하나, 둘 방에서 나왔다. 철봉에 매달리고 역기를 들어 이두박근을 단련하고 있었다. 한쪽에서는 진돗개 '복이'하고 놀며 휴식을 하고 있다. 조용하던 집안이 시끌벅적해졌다. 휴일 우리 집 풍경이다. 식구가 많으니 밥상에 자주 오르는 반찬은 콩자반, 멸치볶음, 콩나물, 가끔 장조림이 올랐다. 토속적인 반찬이라도 밥상머리에서는 말이 사라진다. 어쩌다가 아버지가 집에 계시는 날이면 어머니는 별식 준비로 부산하셨다. 우리도 덩달아 입이 호사하는 날이었다. 여름 별식은 호박선, 오이선으로 깔끔한 어머니 손맛이 특별했다. 겨울이면 하얀 눈발이 날리는 것을 보며 아버지가 좋아하시는 만두도 자주 빚어 밥상에 올렸다. 고추장 호박찌개, 오이지무침, 굴비, 어리굴젓, 동태찌개도 아버지가 좋아하시던 음식이다.

"호박풀떼기 좀 만들어 주어요, 호박풀떼기가 갑자기 먹고 싶네."

비가 오는 날이면 아버지가 주문하시던 음식이다.

준비가 없어 당황하셨을 텐데 어머니는 정성 들여 죽을 쑤어 아버지 입맛을 다스렸다. 김이 모락모락 피어오르는 노란색 호박죽을 아버지는 맛있게 드셨다. 우리도 처음 먹어 보는 아버지의 호박죽이 얼마나 맛이 있는지 호기심에 찬 눈을 반짝이며 둥근 밥상에 바싹 다가앉았다. 색도 예쁜 죽이 맛있을 것 같아 먹었는데 보기와는 달리 '밍밍'하여 호기심을 자극하지 못했다. 삼빡하지도, 새콤달콤하지도 않아 나는 한두 술을 먹다가 죽 그릇을 밀어 놓았다. 동생들도 이미 고려당 사라다 빵 맛에 익숙해 있어 어머니 눈치를 보며 수저를 놓았다.

"강낭콩이 없네, 좀 넣고 끓이지 그랬어."

아버지도 할머니가 끓여주시던 그 맛이 아닌 듯 아쉬운 표정이었다. 나의 친가는 경기도 오산으로 아버지는 13세까지 시골에서 자랐다. 어린 나이에 할머니를 잃으셨단다. 아버지는 연희전문학교에 다니기 위해 서울로 유학을 오셨다. 아버지와 어머니는 어떤 인연으로 만났을까. 어머니는 서울 종로구 가회동에서 태어나 자랐고 고등교육을 받은 신여성이었다.

아버지는 시골에서 호박풀떼기를 먹고 자랐고 어머니는 먹어 본 적이 없어 당황하지 않았을까. 어머니의 호박풀떼기 만들기는 실패작이었을 것이다. 할머니의 모정이 담긴 손맛을 어머니의 정성이 따라가지 못했을 것이다.

'밍밍한 호박죽' 사건이 있던 날이었다. 아버지는 승진 누락으로 '욱'하는 성미에 사표를 내고 오셨단다. 무거운 마음의 상처를 혼자 삭이며 집에 계셨던 것이다. 그때 아버지는 돌아가신 할머니가 보고 싶어 옥잠화를 보고 계셨던 것 아닐까.

그 후로 괴로울 때 위로받고 기대고 싶을 때면 아버지는 어머니에게 호박죽을 주문하셨다. 할머니의 손맛을 기대했을 테지만 아버지 입맛을 속이지 못했다. 모정은 얼마나 질긴 끈일까. 어머니가 육 남매를 키우느라 정성을 기울일 때 그것을 보는 아버지는 더 외로우셨을까.

"너희는 엄마 품이 얼마나 좋은 줄 아니?"

아버지는 항상 의젓하고 당당하신 줄만 알았는데 마음 한쪽은 늘 비어있었던 모양이다. 그 깊은 아버지의 속정을 아무도 몰랐다. 아버지 마음을 보듬어 드리지도 못했는데 어느 날 홀연히 소풍을 떠나셨다.

나는 호박죽을 좋아한다. 달달한 맛에는 아버지의 살뜰한 마음이 배어 있는 듯하다. 삼십 년 전, 한 지하 식당에서 친구를 만나서 무엇을 먹을까 하고 빙빙 돌아다니다가 호박죽이 눈에 띄었다. 나도 모르게 선뜻 "우리 호박죽 먹자." 친구도 흔쾌히 죽집에 가자고 했다. 주문을 하자 노란 호박죽이 먹음직스럽게 나왔다.

그때 아버지와 함께한 '밍밍'한 호박죽이 생각났다. 고운 노란색에 끌려 덥석 한입 먹었지만, 단맛이 가미되어있지 않아 맛이 없었다. 지금 이 호박죽은 변신한 것일까. 작은 도자기에 담긴 호박죽을 먹는 순간 왈칵 눈물이 날 뻔했다. 그리운 아버지 얼굴이 은은한 수채화가 되어 어른거렸다.

지금은 좋은 세상이라 아버지가 좋아하는 강낭콩을 넣은 호박죽도 얼마든지 사서 먹을 수 있다. 아버지와 함께 할머니 이야기를 하면서 호박죽을 먹고 싶은 내 마음을 하늘로 띄워 보낸다.

행복해하시는 아버지를 하루만이라도 만나보고 싶다. '아버지의 호박죽'은 고향의 맛이다.

난실리 문화 산책

난실리로 가을 나들이를 가던 날 아침은 맑았다. 까치가 나뭇가지에 날렵한 모습으로 앉아있다. 지저귀는 소리가 기쁜 소식을 전해 주는 듯했다. 옛 시인의 얼이 담긴 편운재 예술혼전에 참석하는 기분은 새털처럼 가벼웠다. 남동생과 함께한 전시회 나들이는 내가 가을 단풍처럼 물드는 시간이었다.

문학관 입구에 키가 훌쩍 큰 석조가 인사를 한다.

소나무가 어우러진 아담한 산길은 꾸미지 않은 소박한 아녀자의 품을 닮았다. 편운재로 향하는 언덕 풍경은 다듬어지지 않아 시골 색시처럼 수수해서 좋았다. 뜰 앞에 세워진 아기를 업은 어머니 조각상을 보고 나도 모르게 발을 만져보고 싶었다. 어머니 체온이 그리운 탓일까.

편운재는 집안이 조붓해서 한 번에 6명이 관람할 수 있다.

"살은 죽으면 썩는다."

수많은 서예작품 중 벽에 걸린 이 글이 시선을 끌었다. 시인은 어머니 말씀을 벽에 걸어놓고 그리움을 달랬다. 뜰에 세운 아기를 업은 어머니 조각상, 피난 시절 어머니하고 찍은 사진, 어머니 말씀을 오석에 새겨 넣은 것 모두 어머니에 대한 그리움으로 가득했다.

편운재는 수수한 시골 멋과 분꽃이 어우러진 고향집 느낌이었다. 천재 시인은 자연을 벗 삼으며 절대

고독을 시심으로 승화시킨 것 일지도 모른다. 편운재를 돌아보며 나의 어머니의 혼이 느껴졌다. '죽으면 썩는 살 아끼지 말고 부지런해라'고 하시던 어머니의 목소리가 나를 깨우는 듯했다.

이 세상 모든 어머니는 기대지 않는 삶을 살라고 주문할 것이다. 조병화 시인의 어머니와 내 어머니의 모습은 달라도 내면에서 우러나온 교육철학은 닮았다. 어떻게 이렇게 따사로움이 같을 수 있는지 놀랍다. 자애로운 어머니는 교육열에 열심이고 바른 마음을 품도록 사랑으로 가르쳤다.

조병화 시인은 어린 시절 고향 집을 그리워하며 시심을 키워 계관시인이 되었다. 시인은 성실성과 근면을 강조한 어머님 말씀을 따라 고독, 꿈, 사랑을 승화시켜 수많은 작품에 예술혼을 쏟아냈다.

편운재는 시인 조병화가 어머니 진종 여사를 위하여 지은 묘막이다. 나도 어머니의 말씀을 가슴에 간직하고 성실하게 살고 있다. 지금 인생의 아름다운 마무리를 위해서 글공부에 밤잠을 빼앗기고 있다. '국화꽃 한 송이를 피우기 위해 봄부터 울어대는 소쩍새'처럼 나도 자주색 국화꽃으로 피어나기 위해 안간힘을 쓰고 있다.

조병화 시인의 멋과 향기가 은은하게 배어있는 집을 꼼꼼히 둘러보았다. 어머니를 위한 제단, 펜, 파이프, 우산, 가구, 붓, 벼루, 먹 등에 시인의 마음이 어리어 있었다. 나는 젊은 날 서양 것을 선호해서 어머니가 주신 옛것을 모두 버렸다. 어머니의 손때 묻은 이남박, 떡살, 감나무 장, 칠보 노리개를 잃어버린 것은 지금 생각해도 너무 철없는 행동이었다. 인류가 살아온 발자취 속에 문화가 있다는 것을 왜 몰랐을까. 문화의 뿌리는 옛것으로부터 온다는 것을 오늘에서야 알았다.

남동생은 시인의 고등학교 제자다. 그런 인연으로 조병화시인기념사업회 일을 한다. 나는 여고 시절 우연히 조병화 시인을 만났다. 베레모에 파이프를 입에 물고 너그러운 웃음을 띤 모습이 촌스럽게 보였다. 그 내면에 고독이 깃들어있다는 것은 느끼지 못했다. 그 오랜 침묵을 깨고 편운재 문화 산책을 하며 젊은 날 문학적 감성을 깨워본다. 갈 수 있어 기뻤다. 전업 주부로 문학과 거리가 있는 삶을 살아온 내가 허영자 시인과 같은 테이블에서 앉아 담소를 나누는 행운을 누렸다. 나와 안면은 처음이지만 친정 가족과 인연이 있음을 이야기하며 나를 친구처럼 따뜻하게 대해 주었다. 편운재 가는 날 아침에 까치가 울더니 온종일 기분 좋은 일들이 나를 이끌었다.

어머니를 모티브로 한 작품들은 가슴 찡한 전율이었다. 어머니에 대한 그리움과 효를 간직한 조병화 시인의 삶을 나도 패러디하고 싶다. 모정이 살아있는 작품세계에 빠진 나는 침묵할 수밖에 없었다. 나는 어떤 문학의 열매를 맺어야 할까.

소나무, 흙길, 낮은 언덕, 밝은 뒷동산에 모신 조부모님 묘막이 한 폭의 풍경화처럼 조화로웠다. 세상

사람들 가슴에서 ‘어머니’라는 뿌리를 빼면 무슨 맛일까. 내게 어머니는 영원한 희망이다.

징검다리

가을 하늘처럼 오색단풍을 마음에 담고 이효석 문학관으로 가는 내 마음은 풍선처럼 부풀어 있었다. '허생원과 동이'의 애틋한 사랑 이야기가 떠올랐다. 뜻밖에 애달파하던 나의 첫사랑이 두서없이 흐른다.

아우라지 강이 환하게 틔어있어 가슴이 시원하다. 강물은 심한 가뭄도 아랑곳하지 않고 도도하게 흐르고 있다. 옛날에는 물길이 막고 있어 강을 건너야만 정선으로 통했을 것이다. 강 건너 아득히 보이는 그곳에는 평화로운 그 무엇이 있을듯하여 마음이 들떴다. 강을 가로질러 징검다리가 강물 속에 엎드려 있다. 마치 '나를 딛고 건너가라'는 듯했다. 내 묵직한 몸을 작은 돌다리에 맡기고 큰 강을 건넌다는 것이 무섭고 신기했다.

철없는 아이처럼 설레는 마음으로 첫발을 내디뎠다. 뻥 뚫린 강 한가운데로 나가기 시작하는 것이다. 쉬지 않고 흐르는 물살 사이에 놓인 돌다리가 내어준 등을 보니 믿음직해 보였다. 강 가운데로 몇 발을 더 내디디니 물길이 나를 삼킬 것처럼 푸른빛으로 달려들었다. 자꾸 불안해졌다.

"쏴아쏴아 철철" 세찬 물소리가 귓전을 울린다. 물살이 거세지며 돌다리 위로 넘실댄다. 돌다리는 강물에 휘청거리며 미끄러웠다. 출렁거리는 물살에 현기증이 났다. 어지럽고 머리가 쭈뼛 서더니 다리가 후들거렸다. 물에 대한 무서움증에 꼼짝달싹 할 수가 없었다. 휘청거리다가 나뒹굴면 바로 강물에 빠질 것 같았다. 앞으로 나가지도 뒤로 물러설 수도 없는 불안증에 멈춰 서 버렸다.

"아, 어떻게 해요, 무서워 죽겠어요."

"선생님은 서울에서만 사셨나 봐요."

내 앞에서 성큼성큼 건너가던 문우가 재미있다는 듯 깔깔거린다. 그 와중에도 '다음부터 나를 안 붙여주면 어떻게 하나.' 걱정이 되었다.

마음을 추스르고 깊은숨을 몰아쉬었다. 머리끝에서 발끝까지 힘을 주고 멈춰 섰다. 정신을 집중해서 오로지 돌다리만 뚫어지게 쳐다보며 발을 내디뎠다. 앞만 보고 건너니 마음이 차분하게 가라앉았다. 어느덧 강 건너에 다다랐다. 발끝에 흙이 닿으니 그때야 '후유' 하고 한숨이 나왔다. 온 세상이 다 내 것인 양 마구 달리고 싶었다. 두 팔을 벌리고 하늘을 바라보았다. 둥실 떠가는 구름이 웃고 있는 듯했다.

나를 위해 등을 내준 징검다리의 고마움을 어떻게

표현해야 할까. 어린 시절 징검다리는 동화책을 많이 사주신 어머니였다. 어머니가 사주신 동화책 속에서 읽었던 징검다리는 지금도 마음을 따뜻하게 한다.

신혼 시절 징검다리는 결혼이 장밋빛 문이라고 여기게 해준 남편은 인생의 징검다리를 건너며 두려울 때 든든한 동반자였다.

설레는 마음으로 아이들을 낳고 인생 징검돌을 건너는 것은 행복이었다. 인생은 비바람이 몰아칠 때도 있고 눈보라에 추워서 떨 때도 있다. 남편의 성격을 맞추느라 부대끼기도 하고 불안에 떨기도 했다. 삼대독자에게 시집와서 딸을 넷 낳고 졸도했던 일은 건너기 어려운 징검다리였다.

한강변 아파트 창밖을 하염없이 바라보던 어느 날, 유유히 흐르는 강물 위로 반짝이던 햇살이 나의 마음속으로 파고들었다. 햇살이 몽롱하게 만들었다. 어디선가 환영이 들렸다.

“이제는 네 아이의 엄마다. 밝은 빛을 줄 테니 그깟 시집살이쯤이야 이겨내야 한다.” 마음속에 강한 징검다리가 놓였다.

남편이 진급 문제로 상심해 있을 때, 껄끄럽던 친구와의 관계, 책방 가는 길에 만난 낯선 청년의 등록금을 도와주고 사기당한 일, 이 모든 일을 견뎌 낼 수 있도록 삶의 징검다리가 되어주신 주님께 감사하며 살고 있다.

가을 삽화

봄부터 가을까지 여미어 두었던 마음을 피워내는 국화꽃 향기의 계절이다.

가을이면 함초롬한 국화를 닮은 친구가 그리워진다. 그녀는 가을 국화 같은 품격으로 친구들 마음을 물들이곤 하였다. 소금같이 짠 인생을 살면서도 의리를 지키는 모습은 국화의 자태로 읽히곤 했다.

그녀의 겉모습은 소슬바람이 이는 느낌이지만 마

음은 하얀 국화처럼 담백하고 부드럽다. 그녀의 마음을 맛으로 표현한다면 박하사탕쯤 되지 않을까. 친구들 사이에서 '의리' 하면 그녀를 꼽는다. 어려움을 당하는 친구를 보면 그냥 지나치지 못하는 성미는 믿음직스럽다. 자존심이 상하지 않도록 배려하며 용기를 주는 그녀의 처세술에 감탄하곤 한다.

그런 그녀지만 모든 아픔을 보듬지는 않는다. 친구들 주변에서 들리는 비열한 이야기에는 냉철한 정서의 잣대를 들이댄다. 가끔 그녀의 비판은 서늘해서 얼음냉수를 마시는 기분이 들기도 한다. 굽힐 줄 모르는 그녀의 정서를 매정하게만 여기면 안 된다는 생각을 하게 되기까지는 오랜 시간이 걸렸다. 세상은 오르기보다 내려오는 길이 더 힘들다는 것을 그녀의 행동을 통해서 알게 되곤 한다. 이웃의 불행을 자기 일인 양 나서서 보듬어 준다는 것이 말처럼 쉬운 일이던가.

남편의 외도로 처절하게 무너지는 친구에게 정성

을 다하는 그녀의 행동을 누가 흉내 낼 수 있을까. 서른네 개의 황금 꽃잎을 둥글게 박고 있는 해바라기처럼 그녀는 누군가의 마음 깊숙이에 꽃을 심느라 애를 쓴다.

인생의 덫에 걸려 빠져나오지 못하는 친구의 손을 잡고 통원 치료하러 다니기도 한다. 밤새워 죽을 쑤어 입맛을 챙겨 주고 피붙이 돌보듯 했다. 나는 아무리 흉내를 내려고 해도 어쭙잖고 무언가 엉성하며 겉치레하다.

친구들과 언쟁에 휩싸일 때 꺾이지 않는 겉모습만 본 사람들은 그녀를 삼배 같다고 한다. 그것이 칭찬일까 험담일까. 삼배의 매력은 결이 굵되 질기고, 비단보다 멋진 옷감이다. 강자에게 강하고 약자에게는 부드러운 그녀가 삼베처럼 뻣뻣하다 해도 거짓은 아니다. 뻣뻣함 뒤에 감춰진 그녀의 향기가 매력이다. 그녀의 매력은 마른 땅에서도 잘 견디는 국화꽃 같은 강인함에 있는지도 모른다.

결혼 후, 내가 살던 곳은 비가 오는 날이면 온 동네가 진흙 구덩이로 변했다. 동네 사람들은 '남편 없이는 살아도 장화 없이는 못 산다.'는 말을 했다. 비 오는 날을 유난히 싫어했던 시절에 같은 동네에 사는 그녀를 만났다. 대부분 가난을 견디며 살던 때라 연탄만 쌓아 놓고 살아도 부자라고 여기던 시절이었다. 친구들은 남편이 출근하면 내 집에 와서 비빔국수를 먹곤 했다. 간식이 풍부하지 않던 시절이라 그때 먹었던 음식에 추억이 배어있다. 가끔 친구들은 비빔국수 이야기를 하곤 한다.

나는 친구들과 마음 언짢은 것이 있어도 좀체 내색하지 않는 편이다. 우리는 감성이 부딪치는 일이 있을 땐 만나서 얼굴을 마주 보며 그냥 웃는다. 출렁이지 않고 흐르는 강물이 어디 있던가.

견디기 힘든 시간들을 흘려보내며 우리 우정은 석양이 드리워진 강물처럼 아름답게 흘러가고 있다. 때로 뾰족한 말이 오갈지라도 우정이 담겨 있으리라

믿으며 웃어넘긴다. 자존심 강한 그녀는 자존감이 무너질 때 참고 견디느라 무진 애를 쓴다.

친구란 서로 노력하는 마음, 자꾸 주고 싶은 마음이 생기는 사이다. 얼마 전 내가 몸살로 누워있자 강된장을 끓여서 아파트 경비실에 맡겨놓고 그냥 돌아갔다. 나도 어서 일어나 그녀가 좋아하는 약식을 만들어줘야겠다는 생각을 하니 힘이 불끈 솟았다.

언젠가 그녀와 삼청동 단풍 길을 걸으며 서운했던 마음을 풀었던 일이 생각난다. 이런저런 이야기를 나누며 내게 입력된 '서릿발' 여인이라는 이미지를 날려 보냈다. 지난 추억을 떠올려 보니 그녀는 운전을 못 하는 동창들을 과천미술관으로 국립박물관으로 실어 나르며 우리의 발이 되어주었다. 차를 얻어 타는 친구들은 농담 삼아 "너는 천당자리 맡아 놓았어."라며 고마움을 표현했다. 내게도 베푸는 자동차 봉사를 사양할라치면 "나 천당 가야 하잖아."라고 했다.

친구들끼리 돌아가며 집으로 초대하는 모임을 우

리 집에서 갖게 되었다. 나는 사정이 여의치 않아 애를 태우고 있었다. "내 차례로 할 테니 너 그리 알아라."는 메시지가 그녀에게서 왔다. 그녀의 우정은 국화꽃보다 소담하다.

그녀는 귀염둥이 막내딸로 자랐지만, 학창시절 공부를 특출하게 잘 했다. 까칠한 나를 못마땅해 하면서도 받아주는 것 같았다. 세월만큼 우리 우정도 나이 들었지만 지금도 가끔 틈이 생겨 삐걱 거린다. 친구들은 하나둘 떠나고 그녀와 나 둘만 남았다. 작은 오해로 마음 아파도 우리는 서로 말없이 보듬어주며 눈부처로 살고 있다. 황혼 역에 다다라 되돌아보니 그녀와 내가 손잡고 걸어온 길이 눈부시다.

아직 우리의 목적지는 보이지 않는다. 별빛에 닿아 있는 그곳까지 우정의 손을 꼭 잡고 갈 것이다. 집 앞 화단에 핀 자줏빛 국화꽃이 햇살 우표를 달고 내 마음속으로 자꾸 배달된다.

H.K. Park
2005. 5. 4.

4부

마음 무늬

욕심

오늘은 문우들 앞에 나가서 글을 발표하는 날이다. 낯선 사람들 앞에서 인사말 한마디 하는데도 바들바들 떠는 내가 제대로 글을 읽을지 걱정이다.

세밀화를 배우던 때가 생각난다. 펜을 잡은 손목에 힘을 빼고 스치듯 움직여 그려야 고운 그림이 되는데 나는 힘부터 준다. 감성이 부족한 탓인지 힘의 농도를 조절하기가 어렵다. 요즘 정서를 위해 오카리나를 배우고 있다. 오카리나도 입의 힘을 빼고 불어야 아름다운 소리가 난다. 무엇을 하든지 넣는 힘과 빼는 힘의 조절이 문제다. 나는 인생이라는 풍랑 이는 바다를 헤매다가 돌아와 이제야 글공부에 닻을 내렸다. 내 체취가 남아 있는 글을 남길 수 있다는 매력에 끌려 무작정 빠져들고 있다. 글솜씨가 보인다고 격려해 주는 친구들 말에 나는 춤을 추고 있다.

목마른 사람이 샘을 판다고 했던가. 말을 문자화시키는데 능력이 부족하다는 생각을 한 나는 수필교실을 찾았다. 수필교실에는 등단 작가들이 창작에 집중하고 있었다. 사유가 부족한 내 글을 읽어보니 맥이 빠진다. 걸음마를 배우는 아기처럼 날마다 컴퓨터 앞에 앉아 자판기를 두드린다. 2년 째 글쓰기 공부를 하며 잘 써 보려는 욕심에 힘이 잔뜩 들어가 자판기 두드리기가 겁난다. 기초를 다지는 시간이 조급증을 불러온다. 완급을 조절하는 내 능력은 날마다 유영을 한다.

나는 수영을 할 줄 모른다. 물속에 머리를 넣고 몸의 힘을 빼야 몸이 가볍게 뜬다는데 머리를 물속으로 넣는 것이 두려워 자꾸 밖으로 내민다. 물의 부력을 이용하지 못하는 나는 바닷가에 가면 고무 튜브에 몸을 싣고 발차기를 한다. 내 꼼수를 모르는 사람들은 수영을 잘하는 줄 알고 속는다.

30여 년 전 남편 직장 상사 댁으로 귀국 인사를 간 일이 있다. 예의를 갖춘다고 평소에 안 끼던 반지를 끼고 옷차림도 단정하게 갖추고 갔다. 온종일 긴장했던 탓일까. 집에 돌아온 후 뭔가 찜찜한 느낌이 들었다. 상사 부인의 표정이 생각에서 지워지지 않았다. 그녀의 눈빛에서 드러내고 싶지 않은 마음을 읽었다. 나의 차림새가 그녀 눈에 과하게 보였을까. 남편을 통해서 만나는 인간관계는 정답이 없는 문제처럼 어렵다. 그 후 마음 아팠던 일이 있었다. 남편은 직장에서 보내주는 유학시험에 최고 성적을 냈건만 다른 사람에게 기회가 돌아갔다. 나의 지혜롭지 못한 행동이 남편의 길을 막은 것 같아 지금도 미안한 마음이다. 사람들의 시각에도 강한 성향이 있는 것일까.

힘은 옷차림에서도 느껴진다는 생각이다. 오리털 코트를 선물로 받은 일이 있었다. 겉감이 면이라 우중충해서 썩 맘에 들지 않았지만 즐겨 입었다. 친구들은 군복 같다며 입지 말라고 했지만 추울 때는 따듯하면 제일 아닌가.

나는 가볍지 않은 성격인데 때로는 털털한 인상을 주고 싶다. 그런 탓인지 나를 통제하는 이성이 긴장하면 실수하기도 한다. 자동차 연수를 100시간 하고 남편 앞에서 운전대를 잡았다. 기계를 움직인다는 설렘이 앞서 일단정지 신호에 액셀러레이터를 밟아 사고를 낼 뻔했다. 남편은 그 즉시 운전대를 빼앗았다. 나는 지금도 뚜벅이로 살고 있다.

목에 힘을 주는 사람이 있고 어깨에 힘주는 사람이 있다. 겸손과 거리가 멀어 남의 머리 위에서 으쓱대기 좋아하는 사람을 두고 하는 말이다. 나는 힘을 뺀다는 말의 농도를 잘 몰랐다. 문학 마당에 발을 들여놓은 지금 자꾸 목에 힘을 넣고 싶어진다. 좋은 글을 쓰고 싶다는 것은 욕심이 많아서일까. 책 속의 대가들은 욕심을 버리고 남의 시선을 의식하지 말고 편안하게 쓰라고 한다. 마음먹고 써보려고 책상에 앉으면 식구들 반찬 걱정, 모임 연락할 일, 식탁 위 먼지가 자꾸 눈에 들어온다.

나는 허드레 시간 없이 보내는 일상을 벗어나고 싶어 친구를 찾아 나섰다. 아직 겨울 느낌이 완연한데 지하철 역사에 좌판을 벌이고 앉아 있는 할아버지한테 춘란을 샀다. 내 책상 위에 올려놓고 글이 잘 써지지 않아 안달이 날 때 자주 들여다본다. 꽃봉오리를 내민 춘란과 대화를 하며 신경을 누그러뜨리고 마음을 가라앉힌다. 조급증에 시달리며 마음에서 힘을 빼야 한다는 것을 자꾸 잊는다. 나는 프로가 되려면 아직 멀었나 보다.

운동할 때 부드럽게 골프공을 창공에 날려 보내는 골퍼의 모습은 예술이다. 나는 장타를 꿈꾸며 공을 멀리 보내려는 욕심에 어깨에 힘이 들어가 뒤땅을 치는 일이 많다. 문득 지나온 삶을 돌아보니 나도 모르게 목에 힘을 주고 살았다는 생각이다. 아이들 키울 때 학교 성적이 좋은 딸 때문에 목에 힘준 일로 친구들에게 비싼 밥을 사기도 했다.

힘은 모든 생물의 동력이다. 그 힘을 꼭 필요한 곳에 사용할 때 극대의 효과를 얻을 수 있다. 지금도 힘 조절은 내 인생의 숙제다. 힘을 빼야 할 때 빼지 못해서 사람들과 살아가는데 부딪쳐 소리가 난다.

황혼의 노을이 더 붉다고 했던가. 몇 해 전만 해도 인생의 소풍을 빨리 끝내야 한다는 생각이었지만 지금은 나를 토닥이며 자꾸 힘을 넣고 있다. 힘을 넣기도 빼기도 하면서 내 감정을 조절해야 감동적인 글을 쓸 수 있다는 말이 나를 거스르기도 한다.

나는 날마다 시행착오라는 인생의 계단을 오른다. 인생의 끝에서 무엇이 나를 기다리고 있을까. 노년의 힘을 고르며 표정을 수정한다. 힘의 긴장을 조절하는 심리는 늙음의 지혜 아닐까. 때로는 폭넓게 다른 사람의 생각을 이해하고 공감하려고 노력한다. 나이가 들면 뇌 운동이 느려지지만 빠른 템포로 세상을 끌어안으며 나의 행복론을 쓰고 있다.

내가 배운 세밀화, 오카리나, 글쓰기 공부 중, 글쓰기 취미 생활은 내 삶을 더 풍요롭게 하고 있다. 쓸 것이 없어 무엇을 쓸까 하는 고민은 글을 잘 쓰려는 욕심이지만 상상의 나래를 펴는 재미는 무엇과도 바꿀 수 없다. 힘 빼고 편안한 마음으로 명작 한 편 써 보는 꿈을 이생에서 이룰 수 있을까.

나는 자랑할 일이 생기면 마음속에서 일어나는 힘이 얼굴에 나타난다. 겸손으로 가장하지만 솟아나는 힘을 억제하느라 표정관리에 실패할 때가 많다. 욕심과 힘을 덜어내는 시험이 있다면 나는 낙제 할 것이다. 그러나 나이 들면서 욕심이 많이 줄었구나, 라고 느낄 때가 많다. 주체할 수 없는 식탐과 좋은 작품 한 편 남기고 싶은 욕심까지 버리고 싶지는 않다.

이제는 허망한 욕심 대신 작은 소망을 챙겨본다. 지금까지 너무 많은 혜택을 누리면서 살아왔으니 이제는 조금씩 나누어 주고 싶다. 빈손이라 줄 것이 없지만 부드러운 말과 따듯한 미소로 주변 사람들 마음을 훈훈하게 해 줄 수 있지 않을까. 나에게 주어진 나머지 시간, 욕심을 부리며 세월을 낚고 싶다.

어머니 표 김밥

초승달이 살가운 새벽녘에 어머님의 분주한 하루가 시작되었다.

새벽밥을 짓는 어머님 손길은 연탄불이 약해 음식 조리가 더딜까 초조하시다. 새댁인 나는 너비아니 굽는 냄새에 늦잠에서 벌떡 일어났다. 어머님은 장독 위에 양푼을 올려놓고 새콤달콤한 고두밥을 식히고 계셨다. 김밥에 들어갈 소는 이미 준비가 끝났다.

남편은 신혼 3개월 만에 병역 기피자로 직장을 잃고 논산 훈련소에 들어갔다. 마지막 기회라 면회를 가기로 했다. 삼대독자 남편은 어머니의 극진한 사랑을 받고 자랐다. 겨울이면 출근하는 아들 구두를 요 밑에서 데워서 신게 했단다. 아들이 땡볕에서 훈련받다가 쓰러질까 봐 밤잠을 설치곤 하셨다.

나는 가장인 남편이 생활대책 없이 입대를 해버려 시장 볼 여유도 없고 가난했다. 김치 하나를 놓고 밥을 먹는 날이 많았다. 하지만 아들을 향한 어머니 마음은 늘 부자였다. 아들이 좋아하는 너비아니를 푸짐하게 굽고, 김밥에 넣을 소고기도 넉넉하게 준비하셨다. 비용에 대해 궁금했지만, 잠자코 있었다.

부유할 때나 사업이 기울어 형편이 어려울 때나 검소하게 사시던 어머님은 '큰손'이셨다. 빈궁한 친인척에게 푹푹 퍼 준다고 아버님은 투정을 부렸다. 어머님은 마음 그릇이 사람을 대할 때마다 달라졌다. 아들 김밥에는 소고기를 넣고 딸들 김밥에는 야채만 넣어 차별 대우 받은 딸들은 지금도 삐쭉거린다. 동그랗게 말은 김밥을 썰으니 오색 예쁜 얼굴이 나온다. 일식집에서 '노리 마끼'로 먹어본 것이 전부인 나는 집에서, 더구나 쪽진 구식 시어머니가 김밥을 만드는 것을 신기하게 바라보았다.

초등학교 소풍날 친구의 도시락에 담긴 김밥이 먹고 싶어 김밥 한 개를 달라고 할까 망설였던 기억이 난다. 신식 친정어머니가 못 만드는 김밥을 쪽진 구식 시어머니가 만드시니 신기했다. 입덧이 심해 고생하던 나는 김밥 꼬리라도 한 개 먹고 싶어 목에서 꼴깍하고 침 넘어가는 소리가 크게 났다. 무안해서 참고 있는 것을 본 어머님은 까만 얼굴 김밥 한 접시를 소복하게 담아 주셨다.

"아가야, 넌 이렇게 모양이 반듯한 것으로 골라서 먹어라. 그래야 좋은 아기를 낳는다."

어머님이 만들어 주신 김밥에 스며있던 따스한 정이 전해지면서 눈물이 흘렀다. 아들만 위하고 나는 무수리였던 서운함이 김밥 한 접시로 다 녹아내렸다.

논산에 도착한 어머님은 음식 보따리를 잔뜩 옆에 끼고 사람들 틈을 비집고 서둘러 내렸다. 면회소는 얼굴이 까맣게 탄 훈련병과 가족들이 준비해온 별식을 먹으며 이야기꽃으로 시끌벅적했다. 어머니도 아들 앞에 찬합을 펼쳐 놓았다. 아들이 김밥을 맛있게 먹는 것을 흐뭇하게 보셨다. 멀리 떨어져 있는 훈련병을 한참 바라보시더니 굽은 허리를 펴고 여분의 김밥 찬합을 들고 그쪽으로 가셨다. 그 병사들은 사정이 있어 가족이 면회를 오지 못한 모양이었다. 이런 경우가 있을 줄 아셨는지 넉넉하게 음식을 준비하신 것이다. 어머님 특유의 '큰 손' 마음이다. 훈련병들은 어머니가 건넨 김밥을 맛있게 먹더니 환한 얼굴로 고맙다는 인사를 했다. 딸들에게 야채김밥만 주시던 어머니의 이웃 사랑을 본 나는 어머님이 존경스러웠다.

한 줄 김밥에는 정성으로 뭉친 어머님의 사랑 맛이

들어 있었다. 작은 체구로 정결한 몸과 마음을 지닌 어머니는 봉제사에도 베풂의 예절이 넉넉히 깃들어 있었다. 쪽을 찐 구식 어머님이 소박한 김밥으로 훈련병에게 관심을 쏟는 것을 본 나는 감동을 하였다.

새댁시절 어머님 김밥 마는 것을 곁에서 눈동냥으로 배운 나는 김밥을 맛있게 만들 줄 안다. 김밥은 박오가리(박고지) 졸임을 소로 넣어야 맛있다. 아이들이 고등학교에 다닐 때 손쉽게 집어 먹으라고 정성스럽게 말아 식탁에 올려놓곤 했다. 김밥은 간식 겸 식사대용이다.

나는 김밥을 만들어 이사 하는 친구에게, 상을 당한 친구에게 보내서 정을 표시했다. 집에 오는 친구들에게도 김밥을 대접하면 맛있다고 호들갑을 떨었다.

세월은 사무친 그리움을 만들기도 한다. 어머님 표 김밥에 담긴 정이 그립다.

함지박에 꿈을 싣고

땅콩 함지박을 이고 가는 할머니를 손녀가 깡충거리면서 따라가고 있었다. 할머니와 손녀는 무지개를 향해서 가듯 큰길 쪽으로 활기 있게 걸어갔다. 50년 전 이맘때 있었던 일이다. 황폐했던 기억은 지금도 나의 마음을 짓누른다. 남편이 해외주재원으로 발령을 받아 온 가족이 홍콩으로 떠나기 전날이었다. 마침 할머니가 오산에서 올라오셨다. 안방에 계신 할머니께 큰절을 올렸다. 웬일인지 할머니는 슬픈 눈망울로 나를 보며 앉으라고 손짓을 하셨다. 수척해진 모습을 보니 할아버지 수발에 힘이 드셨나 보다. 순간 할머니께 용돈을 드려야겠다는 생각이 스쳤다. 그 무렵 나는 친정어머니에게 도움을 받고 살던 때라 드리고 싶은 마음을 멈칫하고 말았다. 그날 할머니의 애처로운 표정이 할머니 나이로 살고있는 내 눈에 어른거린다.

낯선 환경에서 적응하느라 할머니께 전화할 틈도 없었다. 무소식이 희소식이라고 가족들의 편안한 삶을 기원하고 있었는지도 모른다. 그때 홍콩에서 할머니의 별세 비보를 들었다. 후회의 눈물은 밤이 새도록 나를 적셨다. 나의 야박한 마음 씀씀이가 야속하기 짝이 없었다. 인생에는 많은 기회가 있다. 선용을 하면 좋은 추억으로 남을 수 있지만 놓치면 후회로 남는다.

오늘 나는 남편을 따라 석모도 보문사로 나들이를 갔다. 사찰로 오르는 길가에 좌판을 벌이고 있는 할머니의 삶에 대한 열정이 대단해 보였다. 남자가 땅콩을 즉석에서 볶으며 큰 목소리로 뽕짝을 부르고 있었다. 그 주변으로 사람들이 모여들었다. 바로 옆에 할머니 땅콩 좌판은 파리를 날리고 있었다.

나는 수줍게 웃는 할머니와 눈이 마주쳤다. 할머니의 미소는 밝지는 않아도 향기가 있었다. 할머니의 표정을 놓치지 않고 내면을 드려다 볼 수 있었다면 얼마나 좋았을까. 나는 구경꾼이었을 뿐이었다.

할머니의 땅콩을 드려다 보는 사람은 아무도 없었다. 세월을 건너온 할머니의 얼굴 주름에 당찬 모습이 배어있었다. 그때 왜 슬픔을 간직한 나의 할머니 얼굴이 떠올랐을까.

보문사를 오르는 길은 기도 하러 가는 사람들로 북적였다. 나도 눈썹바위에 마음을 풀어놓고 다실에 앉아 세상 먼지를 날려 보냈다.

나는 땅콩을 심심풀이로 자주 먹는다. 내가 땅콩을 좋아하게 된 것은 한국전쟁 때 아버지 근무지 대전에서 사귄 친구에게서 얻어먹고부터였다. 집에 과자 공장을 하는 그 애는 쪼글쪼글한 땅콩을 자주 나눠주었다. 보문사 가던 날도 할머니에게서 땅콩을 사려는데 가방을 들고 앞서서 가버린 남편을 부를 수 없었다.

"할머니 이따가 내려올 때 땅콩 살게요."

해가 뉘엿뉘엿 질 때 약속대로 내려와 보니 파장이라 좌판이 몇 안 남았다. 할머니는 아직도 땅콩을 수북하게 품에 안고 있었다. 장사에 적극적이지 못해서 땅콩을 팔지 못한 모양이었다. 나는 큰맘 먹고 두 됫박을 샀다. 돈 욕심에 찌들어 나는 떨이하지 못했다.

잘 사는 삶이란 사회적 지위나 재물에 판단 가치가 될 수 없다. 인생은 금방 피었다 사라지는 구름 같은 것 아니던가. 인생은 헛것을 추구하며 사는 것 같다. 할머니의 얼굴에는 자신감이 가득했다. 그것이 어디에서 나오는지 모를 일이었다. 어쩌면 어린 손녀의 참고서를 사주며 빛나는 삶을 살기를 바라는 마음 아닐까. 자녀 손에 대해 꿈을 꾸는 것은 모든 할머니의 바람일지 모른다.

할머니의 고운 미소는 사람들이 쉬어 가는 느티나무 그늘같이 품이 넓었다.

마음 무늬

나의 얼굴을 들여다본다.

거울에 비친 모습이 낯설어 '누구야.'라고 묻는다. 80여 년을 사는 동안 삶의 무늬가 새겨져 표정이 된 것일까.

얼이 들어 있는 굴이 '얼굴'이라고 한다.

나의 화장은 간단하다. 얼굴에 유액을 바르고 분홍색 루주로 마무리한다. 어느 날 화장을 안 하고 옷도 대충 입고 동회에 가고 있었다. 시간을 다투는 일로 증명서를 떼러 갔다. 가까운 곳이니 뭐 어떠랴 하는 생각에 집에서 입던 옷차림으로 나갔다. 그런 날은 꼭 민망한 일이 생긴다. 그날도 단정하지 않은 모습을 하고 여고 가정 선생님과 딱 마주쳤다. 인사도 얼버무리고 난처해서 애꿎은 옷자락만 만지작거렸다. 피하는 모습을 보이기 싫어서 멋쩍게 웃었던 생각이 난다.

얼굴은 그 사람의 마음 대문이다. 나의 깊은 샘에서 솟아 나온 혼이 행복의 파랑새를 불러온다. 나는 마음의 대문을 활짝 열어두고 산다. 속마음이 어둡고 스산하면 대문이 닫혀버려 파랑새가 들어올 수가 없다. 삶의 굴곡으로 마음속이 부글거리면 얼굴빛이 어두워진다.

세상에는 부모님이 주신 얼굴에 만족하며 사는 사람은 많지 않다. 나는 아버지 어머니가 주신 얼굴 그대로 살아왔다. 질그릇 모습일지라도 진주같이 아름다운 마음씨를 담으면 진주 그릇이 될 것이라는 생각으로 살아왔다.

세상 때가 묻은 심술을 담으면 홍진 그릇이 된다는 글을 읽은 적이 있다. 나의 혼을 다스리는 방법은 고전음악 감상이다. 가슴을 빗질하려면 그림을 감상한다. 마음을 정화하기 위해 독서를 한다. 독서 습관은 좀 별난 편이다. 여중 일 학년 때 일이다. 다락에서 사과 궤짝 옆에 앉아 몇 시간이고 시디신 홍옥을 씻지도 않고 먹으며 책을 읽었다. 책 내용은 기억이 흐려져 생각이 잘 안 나지만 그것이 마음 양식이 되어 지금의 나로 살고 있는지도 모른다.

일전에 영국 화가 TATE의 NUDE 명작전을 관람했다. 처음에 누드 전람이라는 소리에 조금 멈칫했다. 그림을 감상하며 의구심은 간데없고 즐거움으로 변했다. 아름다운 곡선이 흐르는 몸매에 복숭앗빛 여인 모습은 조물주만이 할 수 있는 신비로운 솜씨였다. 나는 말을 잃고 노래하는 카나리아같이 머릿속이

하얗게 되었다. 수많은 여성, 남성의 벗은 그림이 과연 명작일까. 해산부의 환희, 사랑하는 남편의 외도로 고통 받는 여성의 슬픔을 그린 작가의 솜씨가 놀라웠다. 그림 속, 사람들은 이야기하는 것보다 더 사실적이었다. '내로남불'이라고 할 수도 있는 로댕의 'KISS'는 다른 느낌으로 다가왔다. 애절한 사랑을 표현한 로댕의 조각 작품은 나를 설레게 했다. 살아있는 연인의 간절한 몸짓이 환상적이었다.

나이든 남성의 접힌 팔꿈치 그림에 유난히 눈이 갔다. 네댓 개의 주름, 힘 빠진 엉덩이에 자리 잡은 두어 개의 쭈글쭈글한 주름이 고단한 삶을 보여주었다. 남편의 요즘 모습이 떠올라 서글펐다. 그림을 감상하며 나의 주름진 질그릇 얼굴과 비교했다. 삶의 흔적이 나이테가 되어 얼굴에 주름으로 남아 있다. 깊은 숲속에서 햇빛만 보고 땅속에 뿌리를 박고 몇 십 개의 나이테를 두르고 자란 고목나무를 보는 것 같았다.

비바람 몰아치는 세월을 견딘 나무는 목재로, 약재

로 쓰임새가 다양하다. 나의 얼굴 주름도 굳세게 살아온 자랑스러운 훈장 아닐까.

"HAPPINESS IS CONTAGIOUS"

나의 주름진 얼굴도 행복을 전염할 수 있을까. 이제는 진주를 담은 그릇이 되기 위해 주름살도 사랑해야겠다. 벗은 몸으로 우리에게 굴곡진 삶을 이야기하고 기쁨과 환희를 표현한 것은 진정한 예술이었다.

'NUDE' TATE 작가의 명작은 빈 가슴에 큰 울림이었다. 나의 내면을 아름답게 채우기 위해 이 가을 분주하다. 내일은 어떤 행복이 나를 기다리고 있을까.

2005. 5. park

선물

작은 선물에도 큰 울림이 담겨있다. 나에게 시원한 바람이 되어 향기를 주는 작은 풀꽃이 그렇다.

대학 시절, 미국에서 학교로 소포가 왔다는 연락을 받았다. 유학을 간 언니가 학교로 보냈을까. 소포에는 내 영문 이름이 분명하게 적혀 있었다. 소포를 가슴에 품고 문리대 앞 계단을 단숨에 내려왔다. 호기심에 열어보니 음반 두 장하고 'Dr. Zhivago' 책이었다. 책을 본 순간 놀라움 반 기쁨 반이었다. 선물을 보낸 남학생이 누군지 왜 보냈는지 그것은 중요하지 않았다. 선물로 받은 책은 1957년 이탈리아에서 출간한 노벨문학상 수상 작품이었다.

내가 살아오는 동안 받은 선물 중 기억에 남는 것 하나가 'Dr. Zhivago'다. 1957년 노벨문학상 작가 러시아인 보리스 파스테르나크 책이 내 손에 들려있다는 것이 놀라웠다. 그 시절에는 원서를 미국에 주문하면 몇 주일을 기다려야 했다. 깜짝 선물이라고 해도 될까. 서로가 주머니 사정이 빈약한 학생이니 공부에 도움 되라는 뜻이 담겼으리라.

나는 30대 젊은 시절에 예쁜 그릇 모으는 취미가 있었다. 빠듯한 생활비로 살림하기에는 거리가 먼 취미였다. 여섯 개가 한 세트인 화려하고 아름다운 체코 크리스털 컵이 사고 싶어서 끙끙 앓았다. 남편 생일은 X-Mas 다음 날이다. 잔 하나 값이 너무 비싸서 여섯 개를 살 엄두가 안 났다. 궁리 끝에 남편이 애연

가니 크리스털 재떨이를 샀다. 생일 겸 X-Mas 선물로 재떨이를 받은 남편의 반응은 '살림 장만'이지 이것이 어디 '생일선물'이냐고 했다. 온 식구가 한바탕 웃었다. 남편의 얼굴빛은 시무룩하고 나 혼자 신이 나는 쇼핑이었다. 남편에게 사과하고 그가 좋아하는 화려한 색 넥타이로 다시 선물했다.

초등학교 3학년 손녀 진아가 외국 다녀오는 길에 손톱만 한 크기의 성경책을 사 왔다. 성경책을 읽는 외할머니를 기억하고 주머니 속 돈을 만지작거리며 선물을 고른 그 작은 가슴 안에는 얼마나 커다란 무지개가 있을까. 내가 좋아하는지 살피는 진아를 꼬옥 보듬어 주었다.

바람이 싸늘한 가을날, 친구를 불러 커피숍에서 마주 앉았다. 구수한 커피 향에 스산한 마음이 녹아든다. 그녀의 목에 두른 스카프가 파란 대문에 들어온 듯 아늑했다. 내가 준 선물이 마음에 든다는 메시지다.

추석 명절에 오산 장지리 선산으로 부모님께 인사를 드리고 왔다. 미국에 사는 언니 외에 오 남매가 짝을 지어 함께 성묘를 했다. 우리 형제는 모두 건강하게 웃으며 살고 있다. 준비한 주 과 포 (酒 果 脯)로 예를 올리고 맛있는 식사를 나누는 풍경은 부모님께 드리는 선물이다.

우애로 뭉쳐서 서로 돕고 사는 것이 부모님께 드리는 효 선물이다. 아버지 어머니께서 우리를 정성으로 키워주셨으니 화목하게 사는 모습이 선물이라는 생각을 하며 산다.

나의 자녀 손들이 학업에 열중하고 취업하여 짝을 만나 가정을 꾸려가는 모습도 나에겐 행복의 잣대이며 선물이다. 마음의 평온을 유지하며 감사 생활을 하는 것도 선물이다. 뜨거운 볕을 몇 달씩 견디고 붉게 익는 감도 자연이 주는 선물 아닐까. 성묫길에 밤송이가 발을 찌른다. 밤 속 하얀 알맹이를 세 겹의 껍질이 보호하니 그것도 선물이다. 조석으로 밥상을 차려내는 것도 선물이다. 시장 보는 일거리가 있어 심심치 않다고 하니 남편의 표정도 달라졌다. 밥상에 앉아서 소통할 수 있는 남편이 있어 감사하다.

인생의 겨울을 앞에 두고 글을 쓰느라 펜을 쥘 수 있는 손의 힘도 나에겐 선물이다.

지나간 시간도 꺼내 볼 수 있고 좋은 인연들도 만날 수 있는 글쓰기아닌가.

"외할머니, 책 쓰실 거예요, 책 내시면 제가 사 드릴게요." 기특한 10살 난 손녀 지선이의 마음을 꺼내 볼 때마다 감동이다. 내 글을 기다리는 애독자 한 사람이 있다는 것은 더없이 큰 선물이다.

친구가 여행을 다녀오면서 작은 동전 지갑을 사 왔다. 넉넉한 마음을 그 안에 차곡차곡 넣으려고 한다. 한없이 퍼내어 주변과 나누어도 마르지 않는 지갑은 가장 소중한 선물이 되었다.

나는 누구의 선물이 될 수 있을까.

되돌아보니 지난 세월 많은 선물을 받았음에도 주

는 것에는 인색했던 것 같다. 부끄럽지만 농촌 청소년미래재단에 참여해서 배움의 기회를 주는데 작은 보탬이 된 것이 내가 준 선물이었을까. 그 선물을 받은 청소년들이 사회에 나가서 누군가에게 선물 인생으로 살지 않을까 하는 생각을 해 본다. 나의 선물을 받은 청소년들이 기쁜 소식을 전해 올 때면 내가 더 큰 선물을 받은 느낌이다.

선물은 받을 때 보다 줄 때 더 행복하다는 것을 요즘 들어 느끼며 산다. 그러나 오늘날 선물의 의미는 많이 퇴색되었다. 금액으로 선물의 가치를 따지는 세상이 되었다. 순수한 마음으로 주고받던 선물의 의미를 찾을 수 없는 세상에서 선물 같은 아름다운 이야기를 들으면 울컥해진다. 선물이란 단어 앞에서 선물 같은 사람들을 떠올리며 나 스스로 깊어진다.

A.K. Park
05. 6.1

5부

여행

기다림

황산 일출

구름 안개를 헤치고 해가 떠오른다.

산호색으로 물든 하늘에 황금빛 실타래가 사방에 퍼진다. 산고 끝에 새 생명이 태어나듯 황산 일출은 황홀했다.

나는 비구름 낀 날에는 일출을 볼 수 없다는 안내자의 충고도 아랑곳하지 않았다. 일출을 보고 싶은 마음에 우산을 쓰고 좁고 미끄러운 산길을 따라 호텔을 나섰다. 새벽 비는 부슬거리고 호텔 주변은 인적이 드물었다. 황산 정상에 올라 비를 맞으며 한참을 서성이니 해가 모습을 보이기 시작했다.

길 잃은 길손에게 빛을 비추어 주듯 미세한 빛만 새어 나오던 운무가 걷힌다. 황금빛 얼굴을 드러낸 일출은 장관이었다. 안개 낀 산 속에 비친 햇빛, 그 아름다움은 환상적이었다. 나의 우직한 고집이 이번 여행에 쓸모가 있었다며 나중에 남편하고 합류한 일행은 좋아했다. 그들은 고마운 마음을 호박씨 한 봉지로 대신했다. 일출을 보려는 마음을 하늘도 외면하지 못했던 것이다. 내가 황산에 여행 온 것은 오직 일출 감상이었다. 복잡한 일상생활에서 벗어나 황산의 일출을 보면 내게 행운이 따를 것 같은 예감이 있었다. 그런 바람이 하늘로 전달된 것일까. 비가 오는가 하면 화창하다가도 비구름이 몰리는 변화무쌍한 날씨에 일출을 보았으니 행운 아닌가.

구름바다를 발아래로 굽어보니 기암절벽에 뿌리를

내린 소나무 운치가 절경이다. 산 정상에 올라 아래를 내려다본다. 구름 안개 속에 높이 솟은 산봉우리에는 하얀 수염을 쓰다듬는 산신령이 좌정하고 앉아 있는 듯하다. 좁은 세상에서 투덜거리는 나를 보며 타이르는 모습이다. 나는 뾰족하게 솟은 산 위에 서서 대자연의 경이로움에 할 말을 잃었다. 잠시 세상 옷을 벗어 던진 선녀를 따라가 본다. 한 치 앞이 보이지 않는 운무 속에서 나는 생각의 날개를 달았다. 중국의 시인 이태백도 황산의 아름다움을 시로 다 쓰지 못했다고 했다.

상해, 황산 행 비행기, 버스, 자갈 마을을 거쳐 도착한 여정은 길고 지루하였지만 잊지 못할 추억이다. 돌아보니 나의 인생길도 돌 자갈길 바위길 이었다. 넘어지고 깨져도 견디고 살아온 삶은 황산 여행과 닮았다. 오직 태양을 보기 위해 산에 오른 여정과 같았다. 긴 여정을 거치고서야 신비한 풍광을 구경하는 호사를 누렸다. 남은 내 삶의 여정 중에 유유자적하듯 걸어갈 길이 남아있는 것 아닐까. 산비에 젖은 미끄러운 길을 기어이 오르는 것은 힘든 내 삶의 여정과 똑같았다. 일출의 장관을 보며 황혼 길에 들어선 내 삶의 여정을 유추해 본다. 화려하지는 않지만, 하늘을 붉게 물들이며 떠오른 태양처럼 나머지 삶에 대한 희망을 갖게 했다.

하늘까지 솟은 가파른 절벽 위에 아름다운 모습을 한 나무가 보였다. 아기를 안은 어머니상이다, 가슴이 메어왔다. 경건한 모습에 나도 모르게 두 손 모아 기도를 했다. 내 눈에는 성모 마리아상으로 보였다.

하산 길에 많은 생각을 하게 했다. 올라갈 때 보지 못한 것을 내려올 때 많은 것을 보았다는 어떤 시인의 말이 떠올랐다. 운무에 나를 맡기고 생각에 잠긴다. 기암절벽에 홀로 솟아 있는 소나무, 황산에서만 볼 수 있는 사람 사는 모습, 가마꾼도 보았다. 여행객을 태우고 두 남자가 가마를 메고 수많은 계단을 걸어서 올라간다. 두 어깨에는 그들 인생의 무게가 얹혀있었다. 인생의 짐을 지고 가는 그들의 모습이 내 삶을 되돌아보게 했다.

내려올 때 본 황산은 더 절경이었다. 내 인생길도 하산할 때가 더 아름답기를 소망한다. 나는 웅장한 자연을 보고 두꺼운 책 한 권을 읽은 느낌이었다. 세상 먼지를 걷어내고 절벽 위에 터를 잡은 소나무처럼 천상 가까이에 사는 느낌이었다.

내 삶의 남은 여정은 구름 안개 속이지만 어디선가 나를 위한 노래가 들리는 듯했다. 눈앞에 보이는 자연의 아름다움이 나를 편한 곳으로 안내하는 느낌이 들었다.

H.K.Park
05.4.20

여행, 기다림

인생의 시계가 나를 재촉한다. 아이들 양육에서 졸업했으니 자유로워지라는 듯 가족 사랑의 손을 놓으라고 한다.

삶의 의미도 모른 채 어깨에 짐을 지고 앞만 보고 달려온 내가 60세 되던 해에 남편과 여행길에 나섰다. 아이들 키우는 자잘한 기쁨이 내 삶의 보람으로 알고 살던 때였다.

처음 가는 파리, 로마, 런던에서 화려한 문화예술이 나를 기다릴 생각에 설레었다.

파리의 가을 하늘은 청명했다. 고흐의 '푸른 밤하늘에 총총한 황금빛별이 빛나는' 그림이 눈에 어렸다. 우리는 시간을 아끼느라 새벽부터 돌아다녔다. 새벽녘에 샹젤리제 거리로 산책하러 나갔다. 찬결이 서린 새벽 별이 집에 두고 온 아이들 생각에 스산한 마음을 다독여 주었다. 밝아오는 주홍빛 햇살 아래 에펠탑 위로 구름이 한 발짝 걸려있다. 개선문이 버티고 있는 샹젤리제 대로변에 검은색 커다란 원통이 있었다. 빨간색, 초록색이 예쁜 작품 같았다. 이리저리 아무리 만져 보아도 무슨 용도인지 알 수가 없었다. 쓰레기통이었다. 생활용품도 아름다운 예술의 나라다웠다. 고흐가 먹었다는 달팽이 요리를 먹어 보았다.

센 강변 풍경을 그리고 있는 어린 화가의 수채화 두 점을 샀다. 여린 새순 같은 어린 화가지망생 모습이 수채화에 담겨 있어 사고 싶었다. 몽마르트르 언덕에서 화가 지망생이 혼을 다해 그린 그림을 구입했다. 어려움 속에서 예술혼을 불태우던 옛 화가의 모습이 젊은 지망생 얼굴에 겹쳐 보여서다.

어스름밤에 샹젤리제 뒷골목으로 구경을 갔다. 구수한 커피 향이 나는 곳으로 가보니 카페 안은 어두컴컴하고 허름한 의자 대여섯 개가 자유롭게 있었다. 검소한 옷차림의 중년 또래 남성들이 감자튀김에 맥주를 마시는 풍경이다. 하루 일을 마치고 지친 표정으로 친구들과 어울려 담소하고 있었다. 우리나라 변두리 선술집 모습이었다. 개선문이 있는 샹젤리제 거리의 말끔한 모습과 대조적이라 놀랐다.

로마의 바티칸 궁전의 경건하고 장엄함에 고개가 숙어졌다. 여행지 로마에 가서야 시부님 기일을 기억해냈다. 당황은 잠시, 호텔 근처 슈퍼마켓에 가보니 서울 유명백화점과 비슷했다. 싱싱한 과일과 자줏빛 와인, 육포로 제수 준비를 하고 로마식으로 제상을 차리고 예를 드렸다. 깜박 실수한 며느리 덕으로 로마 구경하셨으니 나무라지 않으셨으면 하고 조바심을 냈다.

런던에서 4시간 거리에 있는 셰익스피어 고향 마을은 아담하고 고요했다. 행인은 생각에 잠긴 듯 느리게 걷는다. 동네의 고요가 내 마음 뜰까지 스며들었다. Avon 강을 바라보노라니 줄리엣이 누워있는 상상을 하면서 '로미오와 줄리엣' 작품을 이해하기에 조금 도움이 되었다.

내가 여행을 떠나는 이유는 나의 속 모습을 발견하기 위함이다. 여행을 가면 아름다운 풍경이나 훌륭한 예술품에 감동한다. 나는 그런 것을 관광하는 것보다 그곳에 사는 평범한 사람들의 일상이 궁금했다. 뒷골목을 돌아다녀 보니 거기에 내가 있고 세계는 하나라는 생각이 들어서 정다웠다. 그들의 언어, 모습만 다를 뿐, 열심히 일한 후에 커피 한잔으로 친구와 담소로 고단함을 푸는 모습, 대로변에서 시들은 과일 채소를 파는 노파, 우리의 삶의 모습과 똑같았다. 여행은 단순히 쉬러 가는 것만은 아니다. 여행을 통해 느끼는 호기심으로 생의 의미를 돌아보며 나의 삶을 바이올린 줄처럼 팽팽하게 조이기 위함이다.

여행이란 단어 중에 나를 찾는 여행은 이 밤에 글을 쓰는 시간이기도 하다. 살아오는 동안 보지 못했던 나의 참모습을 만나고 싶은 밤 여행이다. 여행을 많이 하고 경험을 해야 좋은 글을 쓸 수 있다. 내가 전철을 타고 홀로 공부하러 오가는 시간을 즐기는 것은 무심하게 걷지만, 이런저런 생각에 잠기며 나를 돌아보는 기회를 얻기 위해서다.

영국 작가 조지 무어는 "사람은 필요한 것을 찾아 세계를 돌아다니다가 고향에 와서 그것을 발견한다. 내가 찾아 헤맨 파랑새는 고향에 있을 것이다."라고 했다. 여행에서 보고 느낀 것을 많이 쓸 수 있을 것 같았으나 쓸 것이 하 많아 쓸 수가 없다.

파리는 요리로 유명한 곳이다. 남편은 맛있는 프랑스 요리를 맘껏 먹을 목적으로 온 것 같다. 나는 푼돈도 아껴서 기념품을 사고 싶었다. 첫날 아침 식사 문제로 의견충돌을 하고 얼굴을 붉혔다. 그는 비싼 프랑스 식당에 가자하고 나는 준비해온 것으로 아침

요기를 간단히 하려고 했다. 나의 알뜰 여행 계획을 몰라주는 남편이 야속해서 눈물이 났다. 나는 풀지도 않은 무거운 트렁크를 질질 끌고 서울로 돌아가겠다고 우겼다. 심상치 않다고 느낀 그는 어디론지 나갔다가 오더니 아침 식사가 호텔숙박료에 포함되어있다는 소식을 가지고 와서 한판 벌였던 여비 전쟁은 가라앉았다. 미식가 남편과 쇼퍼홀릭 아내가 서로 몰랐던 취향을 알고 인정하니 여행 분위기가 부드러워졌다. 파리 사건 후부터 외식하려면 남편의 식도락에 맞추었다.

나는 아름다움을 찾으러 인생 여행 온 것이다. 오동나무 발치에 자라는 들꽃까지 눈여겨보자. 나를 찾아 떠난 샹그릴라는 없었다.

신기한 것을 찾아 나선 여행이지만 사는 모습은 같았다. 사람 사는 이치는 시대와 장소를 불문하고 같았다. 진실 되고 선하며 아름답게 살기로 노력하는 사람들의 모습이 다 같았다. 나는 여행에서 삶의 먼지를 벗어버리고 왔다. 다른 나라의 문화와 풍경을 담은 것뿐 아니라 그들의 삶의 방식을 경험하면서 내가 지켜온 가치들이 올바른 것이었다는 자신감을 얻어왔다.

여행에서 겪은 경험을 거울삼아 나의 삶이 조금씩 달라지기를 바란다. 눈에 보이지 않을 뿐 나의 어딘가에 그때의 씨앗이 움트기를 준비하고 있을 것이다.

독서를 통해 국내는 물론 세계여행을 할 수 있다. 세상은 안달한다고 꽃이 일찍 피지 않는다는 자연의 이치를 글공부 여행에서 깨달았다.

'여행은 서서 하는 독서이고 독서는 앉아서 하는 여행이다.'라고 한다. 수필공부도 여행이다. 나는 여행 중이다. 가 보고 싶은 곳을 여행하다가 돌아오면 기다려줄 내 가족. 내 가족을 지키기 위해 기나긴 인고의 여행을 굽이굽이 돌아 왔나 보다.

혼자서도 잘 노는 여자

나는 혼자서도 잘 논다.

일주일에 2~3일은 집에서 지내지만 웬만하면 외출을 안 하려고 한다. 집에 엿을 붙여놓은 것도 아닌데 나는 집안을 맴돈다. 향이 진한 커피 한잔으로 아침을 시작한다. 즐거웠던 일 재미있었던 일을 섞어서 마시면 온종일 즐겁다. 소식이 뜸한 친구에게 안부 전화를 한다.

집안을 빙빙 돌아다녀도 가사 노동은 안 하고 게으름을 피운다. 설거지만 하고 좋아하는 모차르트 클라리넷 협주곡 2악장을 들으면서 하고 싶은 일만 한다. 세탁소에 맡겼더니 줄어들어서 못 입게 된 후부터 스웨터를 내가 손질하면서 듣는다. 읽기를 기다리는 쪽지들은 나중으로 미루고 읽을 만한 책을 골라 읽으면서 좋은 문장을 메모한다. 책 겉장에 000로부터 라고 쓴 것을 볼 때면 누군가 나를 기억하고 보내준 것에 감사한다. 밀린 일도 많고 먼지가 쌓여있는 것이 눈에 뜨이지만 못 본척한다.

20여 년 전 96세 시어머님이 내 부재중에 큰일을 당할까 봐 걱정되고 딸들의 귀가를 맞으려고 집을 지키고 있었다. 어려서부터 혼자 있는 것을 좋아하여 친구들을 집으로 불러서 놀곤 했다.

"이 시간에 집에 있는 애는 너밖에 없구나."

"전화하면 다들 집에 없어."

한때, 집에 있는 여자는 '돈 없고 친구 없고 아프거나 왕따 당하는 불쌍한 여자'라는 말이 있었다. 그런 말에 아랑곳하지 않고 느슨하게 지내는 것을 좋아한다.

옛날 사진을 들여다보며 추억을 꺼낸다. 못나고 촌스럽게 나왔어도 풋풋한 내가 정답다. 어쩌다가 괜찮다 싶게 나온 사진을 보면 오래도록 보고 또 본다. 딸들이 머리 손질 안 해서 안 찍겠다고 하면 세월 지나면 후회되니, 추억으로 사진을 남겨야 한다고 일러준다.

집에서 허술하게 하루 이틀 지내다가 친구들과 만날 날이 다가오면 새로운 기분에 들뜬다. 친구들에게 따스한 어조로 모두에게 우정을 전해야겠다고 마음을 다잡는다.

40여 년 전 뉴욕으로 유학 온 남동생이 내 아파트에 왔을 때 집안일로 쓸고 닦고 하는 나를 보더니

"누나, 이렇게 좋은 곳에 와서 왜 집안일에만 매여 무의미하게 살고 있어?"

무엇이라도 배우라는 뜻이었다. 싱겁게라도 노는 것을 좋아하던 나는 공부는 싫어했다. 60세에 남편하고 유럽여행을 시작으로 놀러 다니기 시작했다. 노

는 것 후에는 반드시 허우룩함이 찾아왔다.

집에서 혼자 놀면서 차차 생각을 가다듬었다. 하고 싶었던 일을 찾아보았다. 오카리나를 취미로 배워서 작은 연주 활동을 시작했다. 평소에 글 읽기를 좋아해 잘 쓴 글을 읽어 보면 나도 쓸 수 있을 것 같았다. 그러던 차에 자서전 수필 반을 만나 글공부를 시작했다. 수필 쓰기가 여간 어려운 작업이 아니다. 작가들의 훌륭함을 알고 존경하게 되었다. 아무나 글을 잘 쓰는 것이 아니다. 두 가지 중 수필공부가 더 어려워도 매력이 있어서 지금까지 공부하러 다니고 있다.

"엄마 어렸을 적이 머리에 그려지네요, 그런 일이 있었어요, 슬퍼서 눈물이 났어요."

딸들이 내 어설픈 첫 수필을 읽고 서로 나눈 비평이다. 어제오늘도 집에 있지만, 놀기만 하는 것이 아니다. 책상에 앉아서 생각을 모으고 다듬으려고 애쓰고 있다.

제재는 “혼자서도 잘 노는 여자”다. 오늘 이 수필 하나를 쓰기 위해 종일토록 집중하며 상상의 나래를 펼친다.

네 송이의 꽃들

1973년 남편 전근으로 네 딸을 데리고 뉴욕에 갔다. 초등학교 6학년, 3학년, 6살, 3살 식구 6명이 외국 생활을 시작했다. 아이들이 두 명 이상 가족은 소음을 낸다며 아파트 세를 주지 않았다. 월세를 더 내고 아파트를 어렵게 구했다.

큰딸은 6세에 홍콩에 갔다가 귀국하고 3학년으로 편입해서 6학년에 우등생이 됐다. 둘째도 1학년부터 최우수학생이다. 전학을 자주 하는 딸들은 마음고생이 많았다. 영어 장벽으로 고생했지만 초콜릿, 아이스크림을 즐기며 잘 견뎠다. 6개월쯤 지나니 친구를 사귀고 동네 도서관에서 책을 빌려 읽으면서 공부를 했다. 둘째 딸은 6개월 만에 월반이 되었다.

맨해튼 중심가에 모닝커피 향이 퍼져 이국의 아침은 환상적이었다. 커피 향에 끌리어 커피숍에 들어가 보니 곱게 생긴 한국 여학생이 커피 잔을 손에 들고 혼자 앉아 있었다. 딸부자인 나는 유심히 보았다. 하얀 손가락에 비취반지를 끼고 멍한 모습이었다. 줄리아드 음악학교에 조기유학을 온 모양이었다. 여학생 어머니가 저 모습을 보면 마음이 쓰리겠지.

대학 졸업 후 유학을 준비하면서 어머니를 조르던 일이 떠올랐다. 박사가 되는 것이 꿈이라면 가거라 하는 학장님의 충고도 있었다. 나는 허황된 유학의 꿈을 접었던 일을 기억했다. 여학생을 보면서 유학 안 오기를 잘했다고 생각했다.

44년 전 뉴욕에는 문명이 발달한 나라의 진귀한 장식품, 예쁜 옷, 메트로폴리탄 뮤지엄 오브 아트는 내 눈을 번뜩이게 했다. 물질이 풍요로운 삶을 보는 듯하였다. 남편이 직장에서 어려운 경쟁을 뚫고 온 타향살이가 내게는 만만치 않았다. 3개월 먹을 김장을 하느라 손마디가 굵어지고 세탁비를 아끼느라 여섯 식구의 산더미 같이 쌓인 옷을 손빨래했다. 집 안 청소하는 데도 품이 필요했다.

지독하게 절약하는 내 살림 솜씨는 점점 매워졌다. 주말과 휴일에는 틈틈이 선진국의 문화를 보고 배우려고 아이들과 여행을 많이 다녔다. 추억으로 남길 사진을 위해 딸들에게 입힐 예쁜 옷을 사느라 세일하는 유명 백화점을 찾아다녔다. 디자인, 색을 잘 맞춰서 입힐 궁리를 하며 나는 행복했다. 여행하면서 고급식당 요리를 먹을 때도 있었지만 절약하느라 김밥을 싸서 푸른 잔디 공원에서 펴놓고 먹기도 했다. 음료수도 준비해서 되도록 잔돈푼을 줄였다.

여섯 식구가 식당에 들어가면 손님들의 시선이 집중되기도 했다. 예쁘게 옷을 입고 올망졸망 앉아 있는 네 명의 딸들과 우리 부부에게 미소를 보내는 노부부는 물었다.

"당신이 이 아이들의 언니입니까"

큰딸은 표정이 시무룩해졌다. 기분을 상한 것일까. 우리 가족을 힐끗거리며 뒤 돌아보는 사람도 있었다. 어디를 가나 환대하는 것을 보니 딸들이 귀엽게 보였나 보다.

큰딸은 동생들 돌보기에 지쳤는지 장거리 여행할 때 혼자 있고 싶다며 동행을 거절했다. 둘째 딸은 서울로 돌아간다는 소식에 모범생이던 아이가 갑자기 울음을 터뜨렸다. 보스턴 야구 선수 중 미소년을 좋아하는 것이 이유였다. 셋째 딸은 "뉴욕에 자동차 없는 집이 어디 있냐." 라는 언니 말에 "치훈이네 집"이라고 깜찍하게 지적을 했다. 차가 없는 그 집 식구들을 위해 아버지가 애쓰던 것을 두고 하는 말이다. 막내는 내가 머리 세트 하는 것을 보고 저도 롤을 말고 엎드려 자며 멋을 냈다.

4년 후, 큰딸이 고등학교 1학년이 되고 남편은 귀국 발령을 받았다. 귀국 인사차 언니네 집을 방문하였다. 집 길 양옆에는 빨강 세르비아가 무리 지어 있었다. 초록빛 나무숲은 우리를 맞았다. 뒤뜰에는 뭇별들이 땅 위에서 반짝였다.

"반딧불, 반딧불!" 아이들이 소리친다. 별빛인 줄 알았는데 환상적인 빛으로 밤을 아름답게 밝히며 날아다니는 것은 반딧불이었다.

"큰애는 여기서 공부하게 두고 가렴, 내가 돌봐줄게."하고 언니는 말했다.

남편은 아예 고개까지 옆으로 돌렸다. 우리 부부는 애들을 미국에 남겨놓고 돌아간다는 생각을 해본 일이 없다. 많은 사람이 자녀 교육을 위해서 이민도 오고 조기유학을 시키던 때였다. 큰딸은 친구 영민이하고 헤어지기 싫어 남고 싶은 눈치였다. 귀국길에 여러 곳을 관광하고 마지막으로 하와이에 도착했다.

비행기에 오르기만 하면 서울로 간다. 전날 밤에 큰 딸 어깨가 처져있는 것이 눈에 띄었다.

"윤보야 혼자 남아서 공부하고 싶으니"

"엄마, 나 엄마랑 다 같이 서울로 갈 테야."

딸들은 귀국 후 한국 공부에 또 고생을 했다. 공부에 어려움이 많았지만, 묵묵히 이겨내고 모두 좋은 대학원까지 마쳤다. 언니는 성공한 의사로 미국에서 살고 있지만 외로워한다. 나는 딸들이 결혼하고 오순도순 가족을 지키는 일도 사회에 환원하는 길이라고 생각한다. 가정을 가꾸는 일도 종합예술이라고 애들에게 항상 이야기를 했다.

요즘은 딸들이 자녀들에게 사회에 나가서 일 할 능력을 기르라고 교육한다. 집안일에만 힘을 쏟지 말라는 이야기는 나 들으라고 하는 말 같다. 나도 세월이 많이 달라져서 여성도 사회에 이바지하는 가치 있는 여성이 되어야 한다고 말을 보탠다.

얼마 전에 뉴욕 아파트에서 같이 살던 한국 주재원 가족을 만났는데, 함께 살던 외국인들이 우리 딸들의 안부를 물었다고 했다.

"우리에게 행복을 주던 네 명의 예쁜 꽃들이 갑자기 어디로 갔느냐며 보고 싶어 해요."라는 말에 한참 웃으며 지난 이야기를 했다. 뉴욕에서 우리 가족은 민간 외교관이라는 자부심으로 예의 바르게 살았다. 세계는 한 지붕 아래의 삶이라는 것을 새삼 깨달았다.

모란 옆에서

봄 강물에 발자국을 찍던 하얀 물새 아침마다 어디론지 날아가네

부모님 떠나가신 후에야 남기신 사랑 잊지 못해 앞뜰 모란 옆에

하염없이 앉아있네

산정

가파른 길 따라 늦가을 산 오르니
흰 구름 머문 아래 초가 몇 채
앉아 있고

발길 아래 멈춘 생각에 잠긴 단풍
서리 맞은 마음이
봄꽃 보다 붉구나

소가 웃던 날

가보지 않은 길은 낯설지만 신비롭다.

함께 공부하는 문우가 써온 시 '어머니'를 읽으며 그의 애잔한 마음을 들여다보았다.

"꿈 많은 아들 입학식을 위해 온밤을 새워 새 옷을 깁던 어머니 품속에 살포시 안겨 보고 싶다."고 읊었다. 글공부를 막 시작한 그가 울림이 있는 글을 써낸 것은 그의 마음에 간절함이 있었던 모양이다. 그는 항상 웃음을 머금고 있어 마음을 들여다볼 수가 없었다. 그는 좋은 글을 쓰려고 열심을 다하는데 등단에는 관심이 없는 것처럼 보인다.

오늘 나는 신인상 시상식에 가는 날이다. 알 수 없는 설렘으로 일이 손에 잡히지 않는다. 나는 등단하기까지 좋은 글을 쓰고자 밤을 새운 일이 얼마나 되는가. 글이 마음에 들 때까지 썼다 다시 고치기를 반복했다. 몇 날 며칠을 고민하며 완성했지만, 아직도 마음에 들지 않아 허우룩하다. 한 편의 수필 탈고를 위해 A4용지 수십 장이 낙엽처럼 쌓이곤 한다. 등단 소식을 듣고 기쁨보다 부끄러움이 앞섰다. 나는 신인상 수상식에 누구에게도 초대장을 보내지 않았다. 내 안에 갇혀 사는 것에 익숙한 편이다.

나는 눈 오는 날이면 카페에 앉아서 흩날리는 눈발을 바라보는 것을 좋아한다. 책을 손에 들고 가지만 읽지 않는다. 음악을 들으며 마음의 소리를 받아 적곤 한다. 낙서는 살아온 여정을 씨줄 날줄로 엮는 '차이콥스키의 비창'과 닮았다.

나는 삶의 여정을 걸어오며 낯선 길에서 만난 서운함을 소처럼 묵묵히 견뎌 냈다. 언제부턴가 비가 개고 무지개가 뜬 하늘이 내 앞에 환하게 열려있다. 사람들을 사랑하고 아끼며 살자고 나를 채근해본다. 서당 개 3년이면 풍월을 읊는다고 했던가. 나는 특유의 성실함으로 어쭙잖은 글을 세상에 내놓았다.

글쓰기에 도전하는 것은 많은 용기가 필요했다. 문화센터 강의는 나를 글쓰기에 몰입하게 했다. 딸 또래의 문우들이 친절했지만 1년 동안은 쉽게 다가가지 못하여 어색했다. 2년이 흐른 지금 나는 처음 글쓰기 공부를 시작한 문우들의 안내자다.

글쓰기는 영혼의 집을 짓는 것이다. 삶의 길에서 겪은 고뇌, 허망함, 희망, 기쁨을 잘 버무려서 사람들에게 공감을 주는 글을 쓰고 싶다. 상처 난 내면의 눈물이 진솔한 글이 되어 독자에게 희망을 주기 바라는 마음이다. 내 책상에는 날마다 읽을 책이 쌓여있다. 감동이 되는 글을 읽으면 수십 년의 내공이 느껴진다. 느린 걸음으로 꾸준하게 나의 길을 찾아서 걷고 있다. 신인상은 앞으로 좋은 글을 쓰라는 따스한 채찍이 아닐까.

초등학교 1학년 때 내가 상장과 상품을 들고 집에 오는 것을 보고 상급생들이 수군거렸다. 나는 부끄럼을 잘 타서 선생님 질문에 대답할 때면 목소리가 떨리고 얼굴이 빨개지곤 했다. 지금은 젊은 날에 비교하면 목소리에 힘이 있고 용기도 생겼다. 오늘 시상식에 입을 옷을 고르며 대종상 시상식 연예인을 떠올렸다. 15년 된 옷으로 결정할 때까지 많은 생각이 필요했다. 축제 분위기에 맞추되 화려하면 안 되고 점잖고도 실례가 안 되는 옷으로 고르느라 애를 먹었다. 소풍 가기 전날처럼 흥분되어 잠이 오지 않았다. 그래도 축제 분위기를 알리기 위해 축하할 가족 몇 사람을 초청했다. 모든 일에는 중용이 필요하다. 넘치지도 모자라지도 않게 처신하기가 어렵지만, 나의 문단 데뷔는 엄숙하게 잘 치러졌다.

축제에는 음악이 있어야 분위기가 산다. 노래로 축제 분위기를 맞추는 문우들이 있어 즐거웠다. 내 글이 영글지 않았다는 생각에 축하객을 초대하지 않았다면 어땠을까. 쑥스러운 마음은 사라지고 '신인상 박현경'이라는 호명에 믿음직한 소처럼 웃으면서 걸어 나갔다. 단상에 올라 상패를 받고 꽃다발을 받으니 세상에 부러울 것 없이 기뻤다. 문득 덩치 큰 소가 되어 음매 하고 큰 소리를 내는 느낌이었다.

시상식 날 아침에 같이 신인상 받은 문우에게서 카톡이 왔다. 민망해서 가족을 초대하지 않으련다는 말에 이렇게 말했다. "삶은 역사의 한 페이지이다. 남편을 꼭 초대하셔요. 이 기회를 귀하게 여깁시다."

활짝 웃는 문우 옆에 앉은 남편의 모습이 멋져 보여서 내가 더 기뻤다. 힘든 여건 중에도 나를 찾아서 걷는 이 기쁨을 무엇으로 말할 수 있을까. 오늘은 내가 내게 선물을 준 날이다. '어머니'를 쓴 문우도 웃는 날이 오기를 바란다.

H.K. Park '05
10.12

6부

당신이라는 세상

당신이라는 세상

추억 한 움큼이 담긴 시간을 떠 올립니다.

그 시절로 시계를 돌리고 싶을 때가 있었어요. 당신을 바라보는 것만으로 가슴 설레던 시절, 당신이 내 손을 잡으면 행복했어요. 시댁과 문화 차이로 마음고생 할 때 나 몰라라 했던 당신이 멀게 느껴져 눈물로 밤을 새우기도 했습니다. 퇴근길에 영화 보러 가자는 말 한마디에 누그러지던 나는 순종 파였습니다.

돌쟁이 첫딸을 안고 출근하는 당신 모습이 골목에서 안 보일 때까지 배웅했었죠. 유난한 나의 내조를 보고 동네 사람들이 웃는 줄도 몰랐어요. 당신과 아이들을 위한 간식을 만들기 보다 서로 마음을 나누는 사랑 가득한 집을 만들려고 애썼습니다.

현모양처란 부모 효도로부터 시작한다는 생각을 했어요. 어머님을 모시는 일에도 정성을 쏟았지만, 어머니에게 며느리가 흡족했을까요. 참고 견디다가도 왜 그렇게 속 좁게 굴었는지 마음에 걸리는 일이 한두 가지가 아닙니다.

풍랑 이는 파도를 넘어온 지금 돌아보면 철없는 며느리가 무척 답답하지 않으셨을까 생각합니다. 어머님이 살아계시면 고운 옷도 입혀 드리고 싶습니다. 좋아하시던 갈비도 많이 대접해 드릴 텐데 지나치게 알뜰 살림 하느라 별일 아닌 것으로 속 태우면서 세월을 낭비했습니다. 당신은 고통이라고 여기며 이겨낸 나를 너그러운 사람으로 거듭나게 해 주었습니다.

웬만한 일을 허허롭게 털어내고 웃을 수 있는 여유를 갖게 된 것은 내 삶의 열매입니다. 당신이 고난을 이겨낸 사람이 세상을 품을 줄 안다고 말할 때마다 내 어깨가 우쭐거립니다.

스마트폰으로 태평양 건너 자식들과 소식을 주고받는 요즘이지만 진정을 담아 당신께 손편지를 씁니다. 기억나세요, 당신은 결혼 석 달 만에 논산 훈련소에 갔지요. 소포로 돌아온 당신의 체취가 묻어나는 옷을 보자 눈물이 얼마나 쏟아졌는지 몰라요. 편지봉투가 '나 여기 있잖소, 어서 읽어 보시오.'라고 말하는 것 같았어요. 내가 읽기를 기다리는 당신의 편지는 처음 만났을 때처럼 가슴 벅차오르게 했습니다. 55년이 지난 편지는 누렇게 변했어도 나의 보물 1호입니다. 내 마음에 먹구름이 오락가락할 때면 편지를 꺼내 당신의 다정한 마음을 들여다보곤 합니다.

"무슨 일이 있던 그리고 좀 더 고생이 되던 그것이 그리 길지 않으리라는 확신을 갖고 편안히 지내 주기를 간곡히 바라오. 이것이 곧 우리의 사랑의 길이 아니겠소!

한없이 미안한 생각을 금치 못하며 사랑하는 당신께 이만 쓰오."

군번 10870293 94. 6. 20 심재석

마음을 잃지 않고 살아 낸 시간을 이 편지에 옮겼습니다. 당신은 인정받는 직장인으로 은퇴했지요. 인생의 가을을 맞은 당신, 나비가 되어 날아 보세요. 당신의 멋진 서예 솜씨로 딸들이 가훈을 써 달라고 하네요. 아직 허리가 건강할 때 써 주세요.

당신만 바라보던 내가 '잃어버린 나'를 찾아서 글공부를 합니다. 나에게 시간을 투자하느라 당신을 화나게 해서 늘 마음 한구석이 아픕니다. 크로아티아로 여행 간 친구를 부러워하는 나를 보고 당신은 말했지요. 책상에 앉아서 글공부하는 모습도 보기 좋다는 당신의 말에 나는 사춘기 소녀가 됩니다. 당신이 치켜세우는 것인지 놀리는 것인지 헷갈리기도 합니다.

요즘 내 몸이 두 개면 좋겠어요. 당신하고 놀아주

는 나, 글공부에 집중하는 나, 어느 것 하나도 놓칠 수가 없습니다.

가족을 위해 젊음을 내놓고 일곱 식구 책임을 지셨죠. 삶의 어깨에 얹어진 무게가 과중했던 탓일까요. 허리가 고장 나서 고생하는 모습을 보며 내가 할 수 있는 것이 아무것도 없어 미안합니다. 나이 들수록 걷기가 좋다는데 우리 틈틈이 같이 걸어요. 당신은 나의 영원한 비타민입니다. 당신이 건강해야 내 숙제 프린트도 해 주고 내가 끓여주는 잣죽도 먹을 수 있지요.

추석 다음 날 외식하러 갔던 것 기억나요. 중년 부부가 우리 옆자리에서 식사하고 있었습니다. 후덕한 모습의 부인은 남편에게 친절했는데 남편은 퉁명스럽게 툴툴거렸어요. 천사 같은 부인은 천연스레 남편에게 응대했어요. 집에 돌아온 당신은

"그 남자가 부인한테 계속 퉁명스럽게 투덜거리더라."

"그 남자도 어지간히 퉁퉁거리더라."

"'그 남자도'라니."

당신이 내 말에 화내지 않고 웃어서 나도 따라 웃었어요. 나도 처음 마음을 간직한 채 솜털처럼 보드라운 대답을 하도록 노력할게요. 당신, 선량한 그 모습 그대로 우리 웃으면서 살아갑시다. 유머와 위트로 좌중을 이끄는 분위기 메이커 당신은 품격 있는 신사입니다.

나는 언제까지라도 당신 앞에서 꽃으로 피어나고 싶습니다.

길동무

폭염이다.

8월 내내 열대야에 에너지를 소진해 버린 내 몸도 한줄기 소나기가 그립다. 태양이 유리 조각처럼 날카롭게 눈을 찌르지만, 짜증을 내지 않으려고 그냥 웃는다. 잡지를 읽다가 작은 공기에 주먹만 한 총각무 김치를 얹은 풍자 사진을 보고 한바탕 웃었더니 조금 시원하다. 요즈음 들어 '나는 무엇을 마음 중심에 두고 사는 것인가.' 하는 생각이 무료한 나를 자꾸 깨운다.

지금까지 살아오면서 길을 잃고 헤매던 일이 한두 번인가. 그때마다 수많은 갈림길에서 마음이 시키는 대로 행동하며 나의 본질을 놓치지 않으려 애썼다. 언제부턴가 나이가 발목을 잡고 순수한 영혼을 짓누른다. 절망감에 사로잡히지 않으려 에너지를 쏟을 곳을 찾다가 새로운 길동무를 만났다. 매주 화요일 아침 아홉시 반이면 길동무를 만나러 수필교실에 간다. 수필을 만나러 가는 날은 시간을 거꾸로 돌려놓은 기분이다.

지하철에서 내려 문화센터로 오르는 에스컬레이터를 탔다. 내 앞이 환하여 고개를 들어보니 나이보다 화사한 차림의 완숙한 노년이 서 있다. 하얀색 개량 모시 적삼, 꽃분홍색 바지, 하늘색 스카프가 꽃을 찾아 날아든 나비처럼 하늘거린다. 시골에서 자녀를 만나러 온 듯한 할머니 모습이 귀엽기까지 하다.

호기심에 눈길이 갔다. 뽀글거리는 파마머리에 눈에 띌락 말락 한 금색 귀고리가 달랑거린다. 에스컬레이터를 잡은 손목에는 납작한 돌 팔찌가 건강을 체크하고 있는 듯했다. 다른 손목에 동그란 진주가 몸이 보석보다 소중함을 말하고 있었다. 할머니는 우중충한 옷을 입은 사람들을 환하게 밝혀주는 전등불 같았다.

"할머니, 예쁘시네요. 누가 이렇게 곱게 입혀 주셨나요."

"누가 해주긴 누가 해줘. 내가 하지."

"모시 블라우스가 시원해 보이고 멋있어요. 어디서 사셨어요."

"몇 년 전에 유행할 때 산거야. 구닥다리야."

시원한 목소리로 자신의 이야기를 쉬지 않고 풀어놓았다. 양재역 근처에 있는 건물에서 2시간 일하고 퇴근하는 길이란다. 건물을 구석구석 청소하고 한 달에 80만 원 받아 손자 손녀에게 용돈 주는 재미로 산단다.

그녀에게 청소일은 새로 사귄 길동무처럼 느껴졌

다. 노년에 얻은 일자리는 자부심이 될 수도 있지만, 왠지 그녀를 보는 내 가슴 한구석이 텅 비는 듯했다. 그녀는 하고 싶은 이야기가 더 있는 눈치였지만 갈림길에서 우리는 대화를 멈추고 헤어졌다. 오랜 친구와 헤어지듯 활짝 웃으며 손을 흔들었다. 얼굴에서 흔들린 삶의 흔적이 묻어났지만, 그녀의 웃는 모습이 당당하고 예뻤다.

수필을 만나고 내 삶은 어떻게 변했는가. 이 땅을 박차고 날아오를 것 같던 처음의 설렘은 조금 시들해졌다. 사는 동안 강한 자존심은 나를 지탱하는 힘이었지만 수필 앞에 선 나는 구석으로 내몰린 느낌이다. 구슬이 서 말이라도 꿰어야 보배가 되는데 나의 글쓰기에 대해 믿음이 부족하다. 새로운 도전에 불안한 나를 그녀가 안다면 뭐라고 할까. 그녀를 만나기 전까지 나는 가사 일에 매어 독서와 글쓰기에 몰입할 수 없는 현실이 감옥처럼 느껴졌다.

인생의 질문에 대한 답은 들을 귀가 있을 때 들리

는 모양이다. 한숨을 쉬고 있던 내게 그녀는 정신 차리라는 메시지를 던져주고 갔다. 어려운 환경에서도 건강한 웃음을 잃지 않는 분홍 바지 범띠 그녀 삶의 속도에 나를 대입시켜 본다. 취미 생활도 즐기는 사람에게 진정한 친구가 된다는 것을 알았다.

수다방 머리방

동네 '머리방'으로 머리를 손질하러 다닌 지 13년이 되었다.

처음에는 파마 값이 싸 맘에 들었다. 친구들도 머리 모양이 괜찮다고 한다. 만 오천 원 하던 파마 가격이 지금은 3만 원으로 올랐다. 그동안 물가 상승에 비교하면 저렴한 편이다. 한 가지 흠이라면 가격이 싼 대신 미용실에서 보내는 시간을 넉넉하게 계산해야 한다.

원장 혼자서 머리를 자르고 파마를 말아주는데 손놀림이 아주 빠르다. 게다가 깔끔하기까지 하다. 손님이 뜸하면 의자에 엉덩이를 붙이지 않고 빗자루로 바닥을 청소하는 청결함도 좋다. 몸놀림도 날렵하고 마음씨도 상냥하다. 원장을 만나면 답답했던 마음이 뻥 뚫리는 기분이다.

언제 들러도 미용실 식탁위에는 책이 쌓여 있다. 박완서 소설, 법정 스님 에세이뿐만 아니라 유명 작가들의 책이 쌓여있는 것을 보며 독서를 많이 한다는 생각을 했다. 그런 원장이 은근한 인간미가 느껴지는 것은 손님들에게 간식을 내어 줄 때다. 시루떡을 먹을 때 곁들여 먹을 김치도 내놓는데 음식 솜씨도 수준급이다.

나는 차례를 기다리면서 미용실을 찾는 손님들 마음을 읽었다. 오늘은 곱게 생긴 50대 여인이 프리지아 꽃을 한 다발 사 와서 꽃병에 꽂아 미용실이 금방 환해졌다. 가족 같은 마음으로 드나드는 사람들을 보며 원장 마음의 품이 느껴졌다. 사랑도 일방적이지 않을 테니까 말이다. 원장은 미용기술도 좋지만, 감각이 있어 손님에게 맞는 머리 모양으로 손질해 준다. 젊은이는 단발머리로, 중년들에게는 조금 굵은 파마머리로, 구순이 넘은 할머니는 짧게 뽀글뽀글 파마를 해 준다. 오늘도 나보다 앞서 온 손님들이 여럿 있어서 내 차례가 되려면 아직 멀었다. 한나절을 기다린 나는 신문, 잡지와 텔레비전도 보며 시간을 보냈다. 나와 다르게 다른 손님들은 서로 처음 보았지만 재미있게 이야기를 나눈다. 결혼해야 할 딸 아들 걱정이 남편 이야기로 이어지다 연예인, 성형, 정치, 부동산, 아픈 몸 이야기로 시간 가는 줄 모르고 수다방은 아늑해진다.

이야기를 듣다 보면 어찌나 상식이 많은지 감탄한다. 가끔은 서로 주고받는 농담이 위험수위까지 올라 아슬아슬 불안하기도 하다. 누군가

"저러다가 싸움하겠네."

"이런 말에 삐지거나 싸우면 여기 못 와요"라고 눈

치 빠른 원장이 받아쳤다.

미용실 수다는 산허리에 펼쳐진 초록빛 숲처럼 언제나 푸르고 싱싱하다. 지혜로운 한국의 훌륭한 어머니들을 볼 수 있는 좁지만 넓은 머리방은 내게 보약 같은 수다방이다.

나는 평소 말주변이 없는 편이다. 모르는 사람들 대화에 끼지도 못하고 앉아 있자니 어색하기 짝이 없다. 떠들썩한 미용실에서도 군중 속의 고독을 느끼는 나는 아직도 공주일까. 이런 내 편협한 의식에도 변화가 왔다. 미용실 수다에 동참하지는 못하지만, 주부들 이야기를 들으며 흥미를 느끼기 시작했다. 누군가 TV 드라마를 보면서 김장김치 속 버무리기를 맛있게 하는 방법으로 찹쌀풀을 섞는 이야기를 꺼냈다. 미용실에 앉아 있는 날은 노트에 기록해 두어야 할 지혜로 넘쳐 난다. 좁은 공간이지만 화젯거리는 다양하다.

"저 성형 코는 자연스럽게 됐네."

"여기 족발이 맛있어. 전화번호 적어 가."

나는 살면서 조용한 분위기에 둥지를 틀며 살았다. 하나뿐인 언니가 일찍 유학을 가 여자 형제가 없이 자란 탓도 있다. 이모, 고모도 없어서 그런지 수다스럽지 못하다. 폭넓게 아는 것이 없고 생활의 지혜도 없어 화제에 쉽게 끼어들지 못한다. 미용실에서 가만히 귀를 열면 그들은 모두 생활의 달인이며 박사다.

한낮의 햇살도 따사롭고 구수한 수다로 마음도 몸도 여유가 생길 무렵 원장의 새언니가 갓김치를 한 통 갖고 왔다. 원장은 어느새 찐 고구마 한 소쿠리와 갓김치를 내왔다. 쑥스러워 머뭇거리는 내게 젓가락을 손에 쥐어 주면서 권한다. 미용실 손님들 손이 분주하게 왔다 갔다 하더니 고구마 소쿠리 바닥이 보인다. 갓김치가 찐 고구마하고 잘 어울린다는 것을 처음 알았다.

배가 불러 말수가 적어질 무렵 어느 손님이 쑥 개떡을 집에서 찐 것이라며 가져왔다. 뒤를 이어 분당에서 왔다는 단골손님이 옥수수 강냉이 봉지를 품에 안고 왔다. 먹으면서 정든다는 말이 맞다. 음식을 나누면 따뜻한 마음이 가슴으로 전달된다.

일 년에 대 여섯 번 가는 미용실인데 갈 때마다 미용실 분위기는 가족적이다. 지나다가 들른 동네 여인이 털퍼덕 방바닥에 앉더니 바구니에 가득한 파마 종이를 가지런하게 정리한다. 쌓인 수건도 세탁기에 넣고 돌리며 원장의 일손을 거든다. 물끄러미 쳐다보기만 하는 내 손이 부끄럽지만 선뜻 나서지 못했다.

서로 돕는 아름다운 마음씨 "정" 문화는 국제화 시대의 우리나라 자랑거리다. 나는 미용실에 갈 때마다 시골에서 올라온 서리태 콩, 멸치, 미역 등 질 좋은 식료품을 저렴하게 구입하기도 하고 공동으로 사기도 한다. 원장이 자기 몫으로 돈을 내고 물건을 사면 "아이고, 앉은 자리에서 풀도 안 나겠어."라고 모두가 한목소리를 낸다. 놀이터를 제공하는 주인의 몫은 서로 나눠서 내는 셈이다. 그래서 이웃사촌이 먼 친척보다 낫다고 하는 모양이다. 어느새 나도 인생의 하산 길에 올랐다. 더 늦기 전에 많은 정을 나누며 이웃과 향기롭게 살고 싶다.

"커피 한잔 드릴게요."

세상에서 제일 맛있는 커피라며 원장이 농담으로 권한다. 정말 향이 구수한 커피다. 손님이 베트남에서 사 온 커피란다. "정"은 번식력이 강한 모양이다. 지금은 나도 미용실 갈 때 간식을 챙긴다. 언젠가 비싼 초콜릿을 선물 했더니 원장은 손님들에게 선뜻 내주었다. 일 할 때 피곤하면 혼자 먹으라고 했건만 무엇이든 함께 먹어야 맛있다고 했다. 부산, 일산, 분당에서 오는 귀한 분들이니 아까울 것이 없단다. 원장의 겸손과 서비스로 모두 자매가 되는 머리방을 나는 친정집처럼 느낀다.

수다방에 수다가 멈추지 않기 위해서는 시대보다 느리게 가는 미용실이 번창하기를 바라는 마음이다. 언제나 원장의 마음 사용 설명서를 읽으러 가는 날은 나도 정 많은 이웃이 되고 싶다. 머뭇거리는 내 필력에 수다를 첨가해 본다.

이름의 미학

이름을 불러주는 사람이 있을 때 내가 된다.

"엄마, 나 '혜영이' 할래."

다섯 살 난 딸아이가 이름 투정을 한다. 동네 친구 혜영이 엄마가 딸애의 이름이 남자 이름 같다고 한 모양이다. 딸 이름은 친정아버지께서 여러 날 동안 옥편을 펴 놓고 찾아 지어준 이름이다. 첫 손녀라 신중하게 지으셨다. 뜻이 좋고 발음이 부드러워서 남편도 나도 만족했다. 항렬, 획을 따지느라 남자 이름 같기는 하나 점잖아서 좋았다. 우리는 좋은 이름이라고 다독였다.

이름은 내 삶 속으로 찾아온 당신이다. 여학생 시절에 이름을 바꿀 뻔한 적이 있다. 어느 날 어머니께서 외출에서 돌아오신 후 '현경이를 '현기'로 바꾸자고 했다. 앞으로 더 좋은 삶이 올 것이라는 뜻이 담겼단다. 경성에서 제일 어질고 지혜로운 여성이 되라는 뜻으로 '현경'이라고 지었다. 나는 내 이름에 은근한 자부심이 있어 싫다고 했다. 한문 풀이로 깊은 뜻을 품고 있는 이름이어서 애착이 가는 '현경'을 고집했다.

새 이름 사건은 흘려버렸다. 사람들은 내 이름이 예쁘다지만 부를 때 발음이 까다롭기는 하다. 같은 이름을 가진 사람을 모임에서 만났다. 나보다 젊은 교우다. 그녀는 상냥하고 착하다. 언니를 대하듯 가방도 들어주고 전철에서 앉을 자리도 찾아준다. 누구 엄마로 불리던 내가 이름 덕으로 호사를 누리니 미안하기도 하지만 이름을 지어주신 부모님께 감사하다. 그녀와 내가 같은 이름을 쓰고 있어서 마음이 닮은 것은 아닐까. 때로는 나 아닌 그녀가 느껴져 행동이 조심스럽기도 하다.

내 친구 '순이'라는 토속적인 이름도 정감이 있어 좋다. 요즘에는 순 한글 이름도 짓고 소설 속의 이름을 쓰기도 한다. 많은 사람이 이름에 신경을 쓰는 이유는 뭘까. 삶에 좋은 일만 깃들기를 바라고 행운을 비는 마음이리라. 성경에서 하나님 사람을 괴롭힌 '사울'이 잘못을 고백하며 '낮은 자'의 뜻을 가진 '바울'로 이름을 바꾸고 새사람이 되었다. 이름으로 운명을 바꿀 수 있는 것일까.

늦깎이로 글공부를 시작하면서 내 이름 석 자를 쓸 때 가장 가슴이 뛴다. 잘 여물지 않아 성취감이 없는 글이지만 이름 앞에서 긴장하게 된다. 어떤 소망을 이루었을 때 이렇듯 기뻤을까. 이름을 지어주신 부모님 마음이 읽혀진다.

어떤 사연의 시작에도 끝에도 흔적으로 남는 것이 이름이다. 여고 졸업 60주년 동창회가 있었다. 거기에는 오랜 세월이 흐른 탓으로 이름은 기억나되 낯선 얼굴이 된 친구, 얼굴은 기억나되 이름이 잊힌 동창들이 있었다. 가끔 풍문으로 잘못되었다는 친구의 이름을 들으면 씁쓸해진다. 국어 선생님이셨던 시인의 시집을 손에 들고 있을 때 알 수 없는 설렘이 인다. 고인이 된 친구의 이름을 뇌리에서 지우지 못할 때 나는 추억 속에서 멈칫거린다.

이름에는 단순한 호칭이 아닌 영혼이 깃들어있다. 다정한 음성, 착한 말씨, 선한 눈매, 맑은 웃음이 그 안에 살아있다. 이름이 그 사람의 인상을 닮았는지 오래 부르다 보면 그 사람의 특징이 인상으로 나타난다. 그런 연유일까. 사람이 맥없이 좋아지기도, 뜻 없는 거리감이 들기도 한다.

이름을 부를 때 소리에서 기가 나오는 모양이다. 이름이 그 사람의 좋은 기운을 품고 있어 당당하게 부르고 쓰면서 세파를 이겨내는 것 아닌가. 그런 이름에 대한 철학이 있어 내 이름을 바꾸지 않고 고집스럽게 쓰고 있다.

바꿔 달라고 하던 어린 딸아이의 이름도 어른 되면 좋아하게 될 것이라고 토닥여 주길 잘했다. 아이도 나도 첫 이름에 대한 믿음 때문인지 잘살고 있다.

마음 길을 열이라고 할 때 아홉은 걱정이고 그중 하나만이 기쁨이라고 했던가. 그래서 기쁨보다는 걱정을 나누기 쉽다고들 한다. 내 이름에는 누릴 기쁨이 아직 더 많이 남아있다는 생각이다. 어쩌다 남편과 속 쓰린 말이 오가는 날도 있다. 부를 때 까다로운 이름 탓에 이렇게 빨강 신호등이 들어오기도 하는가 보다. 흔들리되 꺾이지 않고 살아온 삶이라는 글 속에 이름을 적으니 기쁘다.

사람들 사이에도 꽃이 핀다. 작은 들꽃이 피어 함께 하는 기쁨을 주듯 내 이름을 부르는 사람들에게 복을 주는 인연이 되고 싶다.

흘려보낸 시간

그날의 사진은 지금 보아도 눈시울이 붉어진다.

기다리지도 않는데 떠날 날은 다가왔다. 막내딸 가족이 생각보다 먼 미국으로 살러 간다. 딸은 학창시절 유학을 가고 싶어 했지만 멀리 보낼 수 없었다. 지금은 남편을 따라가는 것이라 나도 안심되지만 헤어지기 싫어 슬프다. 다섯 살 된 손녀딸 서연이 포도 같은 까만 눈망울이 생각나서 견딜 수 있을까.

서연이는 영리하기보다 속이 깊고 침착하다. 제 어미는 그런 손녀딸을 보고 요즘 세상에 살아남으려면 눈치가 빨라야 한다면서 속을 태운다. 딸의 마음이 행여 아이에게 전해져 상처 받을까 봐 가끔 내 가슴이 조마조마하다. 어미 말을 알아듣고 검은 눈망울에 눈물이 고일세라 보듬어 주는 나를 서연이는 무척 좋아한다. 정이든 서연이하고 헤어지는 날 눈물을 감추려면 어떻게 해야 할까 고민이다.

서연이와 추억의 하룻밤을 보내려고 우리 집에 온 가족이 모였다. 올망졸망한 손녀, 손자 여섯이 요를 깔고 누웠다 일어났다 깔깔대며 신이 났다. 슬그머니 들여다보니 서연이가 내게 안긴다. 얼른 누비처네를 꺼내서 업어주니 내 목을 두 팔로 감싸 안고 머리를 등에 기댄다. 시샘이 나는 것일까. 손주들이 서로 업어 달라며 순서를 기다리고 있다. 서연이는 나를 더 꼭 껴안고 내리려 하지 않는다.

막내딸과 서연이를 보낸다는 사실이 왜 그렇게 가

슴 아팠던지. 헤어짐의 슬픔이 유난한 것은 아마도 나의 청소년기의 아픈 추억 때문인 듯하다. 미국으로 유학 가서 헤어진 후 65년이 되도록 타향에서 사는 언니에 대한 그리움인지도 모른다. 의사 생활로 삶은 넉넉해도 부모형제가 있는 고향을 그리워하는 언니가 늘 애처로웠다. 가족이 멀리 떨어져 사는 것만큼 슬픈 것은 없다. 옹색한 살림에 몸을 비비며 간혹 눈을 흘기고 살더라도 가족은 함께 사는 것이 행복하지 않을까.

나는 결혼 후 잠깐 외국 생활을 했다. 남편의 봉급으로 아껴 쓰며 의식주에도 분수에 맞게 살았다. 나의 절약 정신은 아이들이 받아야 할 교육에도 욕심을 내지 못했다. 유학을 보내달라는 딸의 마음을 모질게 꺾기도 했다. 그것은 절약하는 마음이기도 했지만, 언니의 타향살이를 보니 여자로서 고생한다는 생각이 들어서였다.

막내딸은 재능이 있어 이탈리아나 미국으로 유학

가서 오보에를 더 공부하고 싶어 했다. 딸은 끙끙거리며 혼자 길을 찾아 외국 연수 시험에 합격하여 열심히 연주 생활도 했다. 그때만 해도 내 생각은 보수적이었다. 어쩌면 외국이라는 낯선 곳으로 딸을 보낸다는 것이 두려웠는지도 모른다. 내 가족이 있는 곳에서 편히 살 수 있는데 굳이 남의 나라로 가서 고생할 필요가 있을까 하는 생각이 지배적이었다. 우리나라에서도 열심히 하면 성공할 수 있다는 것이 내 지론이었다. 어떻게 해서라도 딸이 원하는 유학 뒷바라지를 해 주지 못한 것이 지금도 후회된다.

딸도 자신의 삶에 미련이 있어서일까. 5년 만에 귀국한 딸은 손녀 서연이에게 할 수 있는 뒷바라지는 다 한다. 초등학교 5학년으로 편입해서 공부를 힘들어하지만 넓은 세상에 가서 더 배우고 오라고 한다. 모녀가 같이 한 방향을 바라보며 발전하려고 애쓴다. 막내딸은 자기가 가보지 못한 길을 훨훨 날아가서 열심히 배우고 보람 있게 살아가라고 교육을 시킨다.

딸의 희생적인 교육열을 보니 신사임당의 생애가

떠오른다. “여성도 교육을 받아야 한다.”라고 하시던 친정아버지의 교육열에 답하듯 사임당은 예법, 학문, 부덕, 교양을 갖추고 시, 서화에 뛰어났다. 자녀 교육에도 남다른 노력을 기울인 현모양처의 표본이 아니던가.

누구의 아내 누구의 어머니로만 머물지 않은 신사임당의 일생이 존경스럽다. 자녀에게 넓은 길을 내주지 못한 나는 지혜로운 어머니 역할을 하지 못했다.

서연이가 내년이면 미국에 있는 대학으로 유학을 간다. 여름 방학 때 큰 공부를 두 가지 해냈다. YALE 대학교 초청받아 연수를 다녀왔고 여름방학 동안 초등학생들에게 영어 컴퓨터 사이언스 강사로 봉사했다. 서연이의 성실함이 KOREA TIMES 신문 인터뷰 기사로 나와서 자랑스러웠다.

딸은 손녀에게 드는 교육비가 만만치 않아 옷차림에 신경 쓰지 못해도 부끄럽지 않단다. 서연이가 넓은 세상에 나가서 도전하고 승리하라며 힘껏 용기를 북돋아 준다. 사위와 교육비 문제로 툭탁거리는 모양이다. 실력 닿는데 까지만, 공부시키라고 한단다. 손녀 교육비를 위해 딸도 일을 한다.

딸이 발전할 수 있는 유학의 기회를 흘려보낸 세월이 너무 아쉽다. 연주 후에 기립박수를 받던 딸의 축복 된 순간을 추억할 때면 가슴이 저리다. 나의 고루한 사고로 딸의 길을 막았다는 후회가 너무 커서 서연이에게 아낌없는 응원을 보내고 있다.

올해는 한가위 보름달이 유난히 밝다. 밝은 달이 온 세상 구석구석을 골고루 비춰 주듯 우리 손주들이 세상에서 보람 있게 쓰이기를 바라며 두 손을 모은다.

짠누

어렸을 때 내게 별명이 하나 있었다.

남자 동생들은 "짠누, 전화 왔어." 하고 별명을 불렀다. 집으로 놀러 온 동생 친구들에게 과자를 들여 주면

"짠누 참 착하네요."라고 했지만, 어감이 좋지 않아 싫었다. 짠누는 작은누나의 애칭이다.

나는 눈도 작고 목소리도 가늘어 쌀쌀맞은 깍쟁이

로 보인다. 나에게서 풍기는 인상 때문에 가끔은 마음에 뿔이 나기도 했다. 아버지 생신이면 한 달여간을 우리 집에 머무르시는 할머니는 "현경이는 천생 여자야, 연한 배 쪽 같아."라며 귀여워하셨는데 '짠누'라고 별명을 부르면 야단을 쳤다.

어린 날 내 은수저에는 큰 매화 문양이 새겨져 있었다. 생일에 어머니가 주신 선물이다. 음력 선달 초나흗날이어서 매화처럼 절개 있는 꿋꿋한 여자로 살아가라는 어머니 마음이 담겨있었다. 매화는 상처 난 나뭇등걸에서도 꽃을 피운다. 매화나무는 추운 겨울 끝에 서서 따스한 봄을 알리려고 부지런을 떤다.

나는 결혼을 하고 어려운 고비를 만날 때마다 매화를 생각했다. 매서운 추위에도 고난을 이겨내고 나뭇가지에 꽃을 피워 올려 그윽한 향기로 희망을 준다. 매화나무를 보면서 진정한 아름다움은 내면으로부터 나온다는 생각을 했다. 해마다 피는 매화꽃은 굳세게 살아가라고 하신 어머니의 깊은 속뜻을 마음에 새기게 한다.

꽃의 마음으로 살고 싶은데 어찌 된 일인지 내 얼굴에서 찬바람이 쌩쌩 분다는 말을 많이 한다. 매화꽃이 주는 강인함과 향기 중에 향기는 닮지 않고 강인한 인상만 남았나 보다. 나는 할 말이 있어도 말을 잘 안 하고 그냥 웃거나 짧게 대답한다. 며칠 전에도 교회에서 옆에 있던 어떤 부인이 '말을 안 하는 사람인 줄 알았는데 잘 하네요?' 해서 놀랐다. 어려서부터 그런 말을 들어서 말을 많이 하려고 노력했건만 황혼의 고개를 넘으면서도 그런 말을 듣는다. 얼굴에 마음을 담아내는 연습이 덜 된 모양이다

별명은 나를 쓸쓸하게도 했지만, 중년이 되면서 깊은 생각을 하는 모습으로 변했다고 스스로 위로한다. 말수가 적은 것은 할 말이 없다기보다 속말을 쉽게 꺼내지 못하는 마음 아닐까. 나는 가끔 채찍을 들고 쫓아오는 감정을 주체하지 못하고 고백한다. 부모님 마음을 자상하게 어루만져 드리지 못한 일, 엄마로서

엄하게만 했지 따뜻한 말로 위로와 용기를 주지 못한 일, 아내로서 지나치게 많은 것을 요구한 것들이 나를 독려해 밤새워 가슴앓이 했다. 반항심리가 솟구쳤다. 매화의 곧은 성품을 잘 못 받아들이며 산 것일까.

짠누라는 별명도 매화나무의 꿋꿋한 모습도, 새삼스러운 감정을 만들어 냈다. 삶의 추위와 고난을 견디려고 내 앞만 챙기느라 여념 없이 살았다. 따뜻한 햇볕 같은 마음을 주변 사람과 나누기에는 내 추위가 더 컸다. 나누지 못한 마음이 가슴 한복판에 대못처럼 박혀있다. 나를 벗어나기 위해 피하고 도망쳤던 것만은 아니었다.

돌아보니 슬픔이 내 발끝에 오지 못하도록 틈을 주지 않고 살아서 얻게 된 별명이라는 생각이 든다. 얼마 전부터 푸근한 해바라기 꽃을 좋아하게 되었다. 60대 후반부터 매화꽃 향기를 내려놓고 살았다. 가슴속에 커다란 씨앗 주머니를 품고 환하게 웃는 해바라기같이 성숙하고 싶어 친구 삼았다. 꽉 찬 작은 주머니보다 덜 채워진 큼직한 주머니가 넉넉해서 좋다.

삶의 여유가 생긴 후 오카리나를 배우기 시작했다. 완숙함과는 거리가 멀지만, 건국대학병원 환우들 예배에 특별 찬양 연주 봉사를 한다. 환우들과 함께 하는 시간에는 내 맘에 노란 꽃물이 드는 느낌이다. 언젠가 발을 다쳐 목발을 짚고 봉사하러 갔다. 단순한 내 친절을 환우들은 감동으로 읽었다. 내가 필요한 곳이면 어디든지 가서 마음을 나누고 싶다.

뒤돌아보니 나의 별명으로 인해 품었던 슬픔이 복이 되었다. 세상은 슬픔의 힘으로 아름다워질 수 있다는 생각을 한다.

걸음을 멈추고

"엄마, 야옹이네 집 어디야, 재네 엄마 어디 있어."

세 살 난 둘째 딸아이가 내 치맛자락을 잡고 물었다. 갓 태어난 동생한테 엄마를 빼앗겨 외로움을 탈 때였다. 아파트 부엌 뒤뜰로 "아옹"하면서 무엇인가를 찾아다니는 나비가 제 처지 같아 가여웠던 모양이다. 엄마가 있는 집이 좋은 것을 느낀 것 같다.

인류의 가장 오래된 조직은 가정이다. 가정 없는

사람은 허허벌판에서 겨울바람을 견디고 있는 것처럼 느껴진다. 결혼을 통해 꾸민 가정은 행복의 문이다. 내 아버지 어머니도 사랑으로 만나 자녀를 낳고 기르며 삶의 기쁨과 고통을 겪으면서 아름다운 가정을 이루었다.

어릴 때 겨울밤이면 온돌방에서 커다란 솜이불 하나를 남자 동생 네 명이 함께 덮고 잤다. 큰동생이 꾸며낸 엉터리 옛날이야기를 들으며 춥다고 서로 끌어당기면서 키득거릴 때 겨울밤은 깊어갔다. 어머니는 장난들 그만 치고 어서 자라고 성화셨다. 그런 날이면 퇴근길 군밤 봉지를 외투 안에 불룩하게 넣고 아버지가 돌아오셨다. 아버지는 승진에서 낙오되지 않기 위해 상사들과 밖에서 보내는 시간이 많아 얼굴을 보고 잠드는 것은 행운이었다. 아버지는 자식들이 군밤을 맛있게 먹는 것을 보며 고된 사회생활을 달래는 것 같았다.

"우리 복강아지들 일어나 군밤 먹자."라고 하시던

아버지의 행복한 미소를 지금도 잊을 수가 없다. 아침이면 아버지가 기지개를 켜는 곳도 집이고 고단한 몸을 쉬는 곳도 집이었다. 어머니가 식구들의 반찬을 준비하던 따뜻한 풍경이 있는 곳도 집이었다. 우리를 가르치기 위해 돈을 버는 아버지와 그것을 받아 쪼개 쓰며 저축하는 어머니가 있어 우리는 꿈을 행해 달릴 수 있었다.

친구에게 얻어맞고 와도 역성들어 주는 형이 있는 집, 숙제가 어려워 울고 있으면 차근차근 가르쳐 주는 언니가 있는 집은 사랑으로 지어진 집이다. 나의 유년의 뜰 안으로 시간을 돌려놓으면 부모님의 다정한 목소리가 들린다.

한국전쟁 시절, 네 살 된 동생이 된장 찌꺼기를 고기로 알고 집어 먹는 것을 초등학교 2학년 큰동생이 보았다. 먹을 것이 부족했던 그 시절 동생은 공부를 열심히 해 돈을 벌어서 동생들을 거두어야겠다고 생각했단다. 남동생은 부산 피난지에서 새벽에 신문팔이, 구두닦이를 하느라 숯 검댕이 얼굴로 돌아와 시침 뚝 떼고 어머니를 속인 적도 있었다.

아버지가 대전에서 근무하실 때 일이다. 아버지의 군밤 사랑을 받고 자란 큰아들이 어린 동생에게 먹거리를 사주려고 아버지 역할을 대신하기도 했다.

집은 들짐승의 공격을 막아주는 안전한 공간이다. 비바람을 피하고 추위에 얼어붙은 몸을 녹이는 따뜻한 곳도 집이다. 집은 식사하고 자는 공간인 동시에 가족이 생활하는 정이 가득히 흐르는 곳이다. 먹을 것 입을 것을 채우는 공간만이 아닌 따스한 정이 흐르는 곳이다. 가정은 사회에서 부족한 것을 조금씩 채워 나가며 지혜와 행복이 깃드는 곳이다.

부부싸움을 크게 한 어느 부인이 다음 날 위층에 사는 우아한 부인과 마주쳤다. 소란스럽게 해서 미안하다고 사과를 하니 오히려 부럽다고 했단다. 다툴 남편과 아이들이 있어서 행복하겠다고 말꼬리를 흐리는 그녀에게 가정은 인생의 가장 큰 선물처럼 느껴질 것이다. 그녀에게 정돈된 집은 있어도 사랑이 깃든 집은 없다는 뜻이리라. 아이들 학비에 쪼들려 힘들어도 아래층 식구들이 일터로 학교로 가는 활기찬 모습을 보면서 가족이 없는 외로움에 한숨지었을 것이다.

가족이 둥지를 틀고 오순도순 모여 생활하는 집이 가정이다. 남편이 일터에서 지쳐 돌아와도 반겨주는 아내와 아들딸이 있는 집이 진정 우리가 가꾸어야 할 행복 정원이다. 어린이 날 대공원에 놀러 가는 어느 가족을 보았다. 젊은 부부가 네 딸에게 한복을 곱게 입히고 전철을 기다렸다. 머리에는 첩지로 치장하고 꽃처럼 모여 섰는데 단란해 보였다. 검소한 차림으로 카메라를 멘 아버지는 엄해 보였고 어머니는 지적으로 보였다. 요즘에는 결혼도 마다하고 아이는 하나만 낳는다는데 딸들을 정성을 다해서 기르는 모습이 소박하고 아름다워 보였다. 다둥이 부부에게 마음으로 박수를 보냈다. 가정의 소중함을 소홀히 여기는 시대에 혼기를 앞둔 젊은이들이 이런 예쁜 가족을 보고 가정을 이를 소망을 가지면 좋겠다는 생각을 했다.

신혼 시절, 동생들과 둥근 밥상에 둘러앉아 밥을 먹던 훈훈한 친정 생각에 울먹이곤 했다. 몸이 아플 때 엄마가 그리웠고, 남편의 귀가 시간이 늦어도 어머니 생각에 정든 친정이 그리웠다. 밥상머리에서 반찬 투정 하던 막내에게 밥을 굶으라고 하던 아버지, 좋은 성적 내기보다 사람 됨됨이가 먼저라고 하신 어머니, 우리에게 건강한 정신을 넣어주신 부모가 계시기에 사회가 밝아지는 것이다. 사람의 도리를 하고 산다는 것이 쉬운 일이 아니지만 나는 부모님을 보며 배웠다.

나는 2년 전부터 취미로 글을 배우기 시작했다. 자연히 살림에 소홀해 짐을 느낀다. 갑자기 바쁘게 사는 나를 보는 남편이 불편해한다. 열정도 가족과 조율을 할 때 리듬을 타는 것일까. 내 품을 떠나 새로운 가정을 이룬 딸들도 정이 가득한 집을 가꾸는 여인으로 살아가면 좋겠다. 요즘 남편이 무엇을 좋아하는지 세심하게 챙겨주니 얼굴이 환하다.

우리 부부가 서로 다독이며 가꿔온 정원에는 사계절 아름다운 꽃들이 피고 진다. 남편 꽃 장미, 내 꽃 매화, 라일락, 해바라기, 국화, 튤립 꽃송이 같은 딸들의 웃음은 우리 집 대문 안에서 계절에 맞는 행복꽃을 피워내고 있다.

15. 11. 10
H.K. Park

7부

인생의 간 맞추기

하루라는 백지에 그림 그리기

파란 하늘 높이까지 날고 싶은 날이었다.

좋아하는 사람이 내 곁에 있다는 즐거움에 날갯짓을 해본다. 못이 깊으면 흐르는 물소리가 들리지 않는다고 했던가. 남편은 내 글공부에 도움을 주려고 〈무서록〉을 사다 말없이 책상에 올려놓았다. 글공부를 하고 집에 돌아왔더니 남편이 침대에 누워있다. 이마에 손을 얹어 열을 재 본다. 가느다랗게 눈을 뜨더니 내 손을 잡는다. "당신이 와서 다행이야." 꼭 잡은 손에서 묵은 정이 묻어난다. 얼마 만에 잡아보는 따뜻한 손인가. 절실하게 나를 기다렸을 마음이 느껴져 나도 모르게 가슴이 울컥거렸다.

며칠 전 내 머릿속이 회색빛으로 뒤얽힌 일이 있었다. 새벽에 청천벽력 같은 소리에 놀라 잠에서 깼다. 허리 통증을 호소하는 남편의 소리였다. 처음 겪는 일이라 쩔쩔매며 마음만 급했다. 딸들에게 알려야 하는데 전화번호가 저장된 스마트폰이 고장이다. 남편은 아프다고 호소하고 기계는 일을 못 하겠다고 두 손을 든 상황이었다. 큰일이 한꺼번에 겹치니 머리는 혼미하고 어찌할 바를 몰라 발만 동동 구르고 있었다. 다행스럽게도 가까이 사는 딸이 달려와 남편을 병원으로 모시고 갔다. 뒤따라가는 내 다리가 후들거렸다. 위기대처능력이 떨어진 것은 나이 탓일까.

나는 남편의 통증보다 핸드폰 고장이 더 신경 쓰였다. 어린 딸이 다쳤을 때도 상처를 싸매주기보다 먼저 부주의를 나무라던 나의 뾰족함이 되살아나는 듯

했다. 순간적으로 모임에 참석할 수 없다는 메시지를 보내지 못해 초조했다. 미안한 생각에 얼굴이 달아올라 안절부절못했다.

한꺼번에 닥친 남편의 통증, 휴대폰 고장, 모임 불참, 어느 것도 소홀할 수 없는 하루라는 백지에 그림 그리기였다. 그중에서도 늦게 시작한 글공부에 참석을 못 하는 사실이 나를 제일 애타게 했다. 내 마음을 읽었는지 딸이 내 얼굴을 쳐다본다.

"아버지 통증은 시각을 다투는 것은 아닌 것 같아요. 제가 보살피겠으니 엄마는 모임에 다녀오세요." 한다. 내 마음에 몰려온 쓰나미가 순식간에 가라앉는 느낌이었다. 허리통증으로 괴로워하는 남편을 딸에게 맡기고 황망히 약속 장소로 향하는 나는 비정한 아내였다. 목적지를 향해 달려가는 내 마음도 편치 않았다.

택시를 탔다. 깊은 호흡을 내 쉬니 마음이 가벼워진다. 운전기사의 친절한 목소리에 잡념이 사라졌다.

농담할 줄 모르던 내가 긴장이 풀린 탓인지

"머리를 빡빡 깎으셨네요." 하고 기사에게 말을 걸었다. 애꿎은 남의 머리를 농담 삼아 말했으니 실례 아닌가. 말을 주워 담으려 했지만 이미 멀리 날아가 버린 후였다.

"못된 사람들 겁 좀 주려고 빡빡 밀었어요. 함부로 덤비지 못하게 보이고 싶어서요."

운전대를 잡은 지 석 달째란다. 그는 겸손하게 대할수록 무시하는 세상이라고 했다. 폭언과 험악한 시비를 피하려고 머리를 깎았다는 말에 마음이 짠했다. 무사고 운전을 하여 아내에게 자랑스럽게 수입을 내놓는 가장이기를 마음속으로 빌었다.

모임에 도착하여 늦은 사정을 설명하니 오히려 위로해 준다. 문학적인 사람들과 동행하며 아직도 배울 점이 많다. 약속장소에서 나와 몸이 불편한 남편을 의사에게 맡기고 휴대폰 A/S를 먼저 받았다. 나에게는 휴대폰으로 통하는 사람들과 관계도 중요하다. 혼잣말로 '남편은 다음에 잘해주면 되니까' 중얼거리며 멋쩍게 웃는다.

사람들과 신뢰를 쌓기까지는 많은 시간과 애정이 필요하다. 핸드폰은 나를 항상 도와주지만, 오늘 같은 날은 밉상이다. A/S 센터에서 휴대폰 복구가 불가능하단다. 귀중한 추억 사진, 영상들을 어디서 찾아야 한단 말인가. 마치 내 혼이 다 빠져나가고 껍데기만 남아 있는 것 같다. 머릿속에 저장된 글은 다시 꺼내 쓸 수 있어 다행이다. 사진, 영상은 보고 싶어도 흘러간 강물처럼 돌아오지 않는다. 내 몸을 아끼듯 휴대폰도 아껴주어야겠다.

병실에 들어서는데 "네 엄마 여태 안 왔니." 하며 묻는 소리가 들린다. 나를 본 남편이 엄마를 기다리는 어린애처럼 활짝 웃는다. 문득 백제의 노랫말 정읍사 중 한 대목이 생각난다.

'달하 노 피 곰 도다 샤'의 뜻은 멀리 장사 나갔다가 오랜만에 돌아오는 남편에게 달이 높이 떠 비추어 편안한 귀갓길이 되기를 바라는 아내의 간절한 염원을 담고 있다.

남편이 한창 일 할 때 이탈리아, 이라크로 몇 달씩 출장을 가면 나도 남편의 무사를 간절히 기원하던 때가 있었다. 누군가를 기다린다는 것은 발 묶인 자의 희망이다. 남편도 그런 마음으로 나를 기다렸을까. 내가 없는 동안 남편의 손발이 되어준 딸이 서운했던지

"엄마, 기를 때는 힘드셨어도 딸 네 명 낳기 잘하셨죠." 한다. 문제가 하나둘 해결되고 남편도 시술이 잘되어 평안을 찾았다. 병간호하느라 집에 묶여 있는데 휴대폰까지 없으니 친구들과 소통하지 못해 적적하다. 정신과 몸이 따로 놀고 있어 조화롭지 못한 느낌이다. 남편은 휴대폰을 자주 만지작거리는 나를 중독이라고 했다. 휴대폰이 없으니 불편했지만 세상사 보고 듣지 않으니 차라리 고즈넉해서 좋다.

모차르트 오보에 콘체르트를 듣는다. 산사에 온 듯

2005. 5. Park

정신이 맑아진다. 맑은 마음이 온통 남편에게로 향한다. 그는 이런 내 모습을 보면서 스마트폰 중독이 치유되었다고 좋아했다. 휴대폰에 빼앗기던 정신을 남편에게 기울이니 우리 집에 '스마트'한 기운이 감돈다. 잦은 심부름에도 발에 모터를 단 듯 경쾌하다.

전화위복이라고 해도 될까. 딸이 보더니 '엄마가 달라졌어요.' 한다. 정성은 즐거움을 데리고 다닌다는 생각이다. 휴대폰을 다시 구입했지만, 꼭 필요할 때만 사용한다. 남편은 책도 사주지 않는 휴대폰을 들여다보지 말고 책을 사준 남편을 바라보라고 농담한다.

오늘은 날개가 10cm쯤 자란 기분이다. 내가 필요한 사람이 있다는 것은 행복이다. 종달새처럼 노래하는 것도 좋지만 오늘이라는 백지에 어떤 그림을 그려야 할까 하는 생각의 리듬을 타는 것도 좋다.

이정표

나는 이정표가 없는 길을 걸으며 살았다.

어렸을 때는 예쁜 친구가 부러웠고, 청춘에는 날씬한 친구를 닮고 싶었다. 머물렀다 가기를 반복하는 것처럼 무엇이든 잘하는 친구를 넋 놓고 바라보기도 했다. 욕심을 내서 경쟁하느라 안절부절못하는 것보다 낫겠다 싶은 생각이었다.

딱 부러지게 명쾌한 것 없이 무작정 시간을 소비하

며 살았던 시절도 있었다. 가끔은 원시와 근시를 한꺼번에 앓는 눈처럼 앞에 펼쳐진 것이 가물거려 두더지처럼 어둠에 몸을 감추고 살기도 했다. 그럴수록 삶의 충동은 자꾸 나를 들쑤셨다. 사는 것이 나아지거나 힘든 것이 아니라 한 가지 뜻을 두고 꾸준하게 노력하지 않아 힘들다는 생각을 했다.

어느 가을 한옥마을에 들렀다가 한 폭의 그림을 감상하는 느낌을 받았다. 한옥의 벽과 문은 고전의 조형미와 색채로 새로운 세계를 이루고 있었다. 멋을 부리지 않은 소박함은 예술작품이라고 해도 과하지 않을 정도였다. 사물이 어울려 하모니를 만들어 내는 것은 아름다움이었다. 서로 다른 어울림이 제각각이 아닌 하나로 표현되는 것은 조화였다. 재료의 질감과 세월의 흔적이 다투지도 서로 나서지도 않으며 어우러져 있었다.

나는 그동안 삶의 조화로움이 주는 편안함을 모르고 살았다. 벽이되 벽이지 않고 문이되 문으로만 존재하지 않는 질서를 이제야 알았다. 헐뜯거나 비방하지 않고 서로 보듬으며 함께 존재하는 이유를 보여주는 듯했다.

꽉 막힌 숨통이 트이는 느낌이었다. 나는 인생의 이정표를 충분히 이해하지 못하고 산 것 아닌가. 문득 내수동 어머니가 떠오른다. 아버지 입맛에 맞추느라 풍롯불에 불고기를 굽던 어머니 삶은 그리 순탄치 않았다. 모정이 강한 어머니는 육 남매 교육에 열성이셨고 집안 어른들도 잘 모셨다. 언제부턴가 어머니는 내 인생의 목적지가 되어 길을 헤맬 때마다 나침반이 되기도 한다.

길은 헤매라고 있는 것이라 했던가. 때로 내 앞을 가로막는 바위 앞에서 슬퍼하거나 아쉬워하지 않고 독백하듯 기도하며 산다. 앞만 보고 걷다 보니 어느새 막내딸까지 내 품을 떠나 가정을 이루었다. 평생을 걸어도 다 걷지 못할 길이 내 앞에 놓여 있지만, 막내딸이 열심히 사는 것을 보고 난 후 이생에서 더는 바람은 없다. 먼 곳을 바라보던 시선이 자꾸 내 발치를 보게 되니 하루가 지루하게 여겨진다.

새로운 이정표를 향하여 떠나야 하는 것일까. 신앙생활을 하며 봉사의 길을 걷기도 하지만 어떻게 해도 내 품에 안을 수 없는 대상은 있게 마련인가 보다. 미국의 어떤 화가가 77세에 '이렇게 은퇴할 수는 없다.'며 그림을 그리기 시작했다는 신문 보도를 보았다. 내 마음은 답을 쓸 수 없는 답안지로 변했다. 칠순이 넘었는데 욕망의 그림자도 나를 열심히 따라오고 있다. 나는 이기적인 여행자일까.

책을 읽다가 일본의 여류 시인이 92세에 시인이 되었다는 말에 공감이 갔다. 나이를 잊고 뭔가를 시작한 그들의 황금빛 삶이 자신을 위해 당당하게 떠나는 여행자처럼 느껴졌다. 떠나고 싶으면 언제든지 새로운 목적지를 향하여 떠나야 후회 없는 삶 아닐까. 그들의 삶이 내 마음에 길을 낸 후 새로운 이정표를 향하여 떠나기로 했다.

문화센터 강좌에서 내 정서와 잘 맞는 수필교실을 찾았다. 늦은 나이에 찾은 수필과 끝까지 동행하기를 바라는 마음이다. 매주 한 편 씩 글을 쓰려고 노력하며 과거로 여행을 떠난다.

오늘의 길 위에 선 나는 떠남과 돌아봄을 반복한다. 여행은 미래를 향하여 걷는 것이지만, 과거에 기댄 나의 여행은 때로 표류하는 배와 같기도 하다. 상상력이 모자란 나는 자연을 패러디하기 위하여 봉평 이효석 문학관과 정선 아우라지, 영월 동강으로 길을 냈다. 정선 가수 분교에 들러 앞마당에서 700년 동안 뿌리를 내리고 사는 느티나무의 고운 단풍에 마음을 빼앗겼다. 양손을 펼쳐 우람한 고목을 품에 안고 나무가 뿜어내는 기를 받았다. 그런 나를 보고 나무는 '겨우 79세에 시시하게 엄살 떨지 마라.'라고 타이르듯 나뭇잎을 흔들었다.

'내 나이가 어때서'라는 노랫말도 있지 않은가. 인생 팔십이 세상을 마무리할 나이인가. 느티나무는 내 가슴의 쿵쾅거리는 심장 소리를 듣고 독수리같이 한

번 힘차게 날아 보라고 용기를 주었다. 느티나무 기운을 받은 나는 새로운 이정표를 향하여 걸으며 많이 읽고 많이 쓰고 사색하기 위하여 노력한다. 700세 느티나무처럼 넉넉한 품을 내어주는 품격을 닮고 싶다.

시계

할아버지 방에서 울리던 시계 소리가 고요한 농가의 새벽을 연다.

할아버지 큰기침은 해뜨기 전에 밭에 나가야 하지 않느냐고 자손들에게 보내는 신호다. 수탉도 볏을 세워 목청을 길게 뽑아 황소의 아침잠을 깨운다.

시골집 안방 벽에는 소박한 시계가 걸려있었다. 아버지가 받은 첫 봉급으로 할아버지께 드린 효심 어린 선물이었다. 나무 상자 틀 안에는 둥글고 하얀 추가 좌우로 춤을 추었다. 정확하게 시간을 알려주는 귀여운 모습과는 달리 크고 의젓하여 이웃집에도 시간을 알려주었다.

할아버지는 벽시계와 함께 살았다. 시계가 깨우는 소리를 듣고 일어나 부지런하게 농사를 지으셨다. 새벽부터 해 질 녘까지 열심히 농사를 지으신 할아버지 손마디는 거칠어 소나무 껍질 같았다. 가을걷이가 풍성할 때면 동네 분들과 마음을 나누는 따스한 분이셨다. 검게 그은 얼굴에 자글거리는 주름은 다정한 할아버지의 모습으로 기억된다. 아들이 준 벽시계가 곳간을 채워주는데 한몫을 했다고 덕담을 하시던 근면한 할아버지를 아버지는 많이 닮았다.

아버지는 할아버지 덕으로 청렴한 직장 생활을 마무리했다고 말씀하셨다. 물질에 욕심을 내지 않아 맑은 삶을 사셨지만, 시계처럼 정확한 인생길을 걷지는 못하셨다. 아버지의 시계는 느슨해서 퇴근이 정확하지 않았다. 약주에 취하시면 소중한 시계를 탐내는 친구에게 벗어 주기도 하셨다. 할아버지는 농부로 살며 자연처럼 주변과 나누신 현실파였고 아버지는 마음을 친구들과 나누며 사는 낭만파였다.

인생이라는 시계를 갖고 두 분은 각기 다른 방향의 삶을 살았다. 세월이 흘러 할아버지도 아버지도 먼 길을 떠나셨지만, 벽시계는 두 분의 추억을 품고 지금도 부지런히 달리고 있다.

내게는 소중한 시계 하나가 있다. 결혼 17년 되던 해 남편을 졸라서 받은 오메가 시계다. 나는 결혼예물 시계를 못 받았다. 예물을 주고 신부를 데려오는 것은 '오랑캐나 하는 짓'이라는 시모님 말씀 영향이었다.

남편에게 받은 시계를 아끼느라 가끔 찼고 남편이 미운 짓을 할 때면 차던 시계를 벗어서 서랍에 넣어 두기도 했다. 남편과 화음을 맞추느라 모난 마음을 갈아 낼 때도 자녀들이 장성하여 손자 손녀들 영롱

한 눈빛을 보면 잘 살았다는 생각이 든다. 한 방향을 바라보고 함께 가야 하는 남편이 준 시계가 길을 안내했다는 생각을 한다.

요즘 나는 잠을 설친다. 늦게 만난 수필 애인 때문이다. 수필공부는 인생 가을에서 겨울로 넘어가는 인터미션에서 내가 찾아낸 보물이다. 인생 3모작을 어떻게 꾸밀 것인가 고민하던 중에 만나 생활이 분주해졌다. 여행, 독서, 나눔과 봉사, 인문학 공부 등, 내가 하고 싶은 일, 가치 있는 일, 잘 할 수 있는 일이 무엇인지 답을 찾는 나를 보고 시계는 속도를 내라고 재촉한다. 하지만 나는 욕심을 내지 않는다. 잦은 걸음으로 속도를 내지 못할지라도 나답게 주변을 돌아보며 걷고 있다.

시계처럼 성실하게 부지런히 읽고 열심히 쓰고 많이 생각한다. 내게 주어진 시간을 계산하며 시계의 재깍거리는 초침 소리에 스텝을 맞춘다.

인생

"나 정희야, 김 선생이 갔어."

허탈해하는 친구 목소리에 슬픔이 묻어있다. 정희는 20년 전 김 선생을 만났다.

초혼인 정희와 재혼인 김 선생을 두고 "호박이 넝쿨째 굴러들어 왔습니다."라고 했다. 그것은 농담 반 진담 반이 섞인 김 선생의 인사말이다.

우리 우정의 꽃은 여고 시절부터 지금까지 65년 동

안 변함없이 피어있다. 한 번도 마음을 등진 적 없는 자매보다 가까운 친구다. 동지섣달 추위에 정강이가 파랗게 되도록 시내를 배회하며 추억을 만들었다. 영화관에서 '바람과 함께 사라지다'를 보며 사랑을 꿈꿨고 시공관 음악회를 감상하며 마음을 조율하기도 했다. 명동에서 회현동 집은 친구와 휘젓고 다니던 낭만의 거리였다. 추운 날에는 아랫목에 앉아 따끈한 감주를 먹으며 수다를 떨곤 했다.

그녀는 어린 시절, 할아버지 덕으로 부유하게 자랐다. 멋쟁이 아버지의 한량 끼로 가산은 기울고 어머니는 화상으로 오랜 병원 생활을 했다. 그녀는 어린 날 여유로운 환경을 잃어버리고 7남매의 맏딸로 힘든 학창시절을 보냈다. 불행은 때로 용기를 줄 때도 있다. 지혜로운 할머니의 넉넉한 사랑이 긍정적인 성품을 갖게 했다.

단단한 땅에 물이 고인다고 했던가. 할머니, 아버지, 어머니, 남동생까지 차례로 하늘로 보내고도 마음속에는 사랑이 가득했다. 슬픔을 가슴 깊이 묻은 그녀는 남은 다섯 여자 동생들을 보살폈다. 멋진 회색 코트를 손수 만들어 입고 다닐 정도로 손재주도 좋았다. 늘씬한 키, 우수 어린 모습에도 늘 잔잔한 미소를 잃지 않았다. 우리 집에 놀러 와서 이야기꽃을 피울 때도 그녀의 착함에 나는 늘 맥이 빠졌다.

우리의 우정시대는 나이 태를 그리며 익어갔다. 그러는 사이에 그녀는 방송국 여성 최초 프로듀서 국장이 되었다. 파리, 하와이에서 유학하느라 결혼의 때를 잃어버렸다. 인생의 때를 놓친 것을 그녀는 후회하지 않았을까. 다행히도 느지막하게 찾아온 사랑의 때를 놓치지 않았다.

백마 탄 왕자 김 선생은 아버지를 일찍 여의고 어머니를 도와 동생들을 보살피는 가장으로 살았다. 성실함을 인정받아 높은 지위까지 올랐던 그는 가슴이 넓은 사람이었다. 늦은 나이에 만난 한 쌍의 원앙은 한곳을 바라보며 날아갔다. 그러나 사랑 길을 가다가

백마 탄 왕자의 손목을 놓치고 그녀는 다시 내게로 돌아왔다.

지금은 생활에 지쳐 투정 부리는 내게 가끔 훈수를 두기도 한다.

"오, 그랬어, 아이고" 추임새를 넣어줄 때마다 위로를 받는다. 아파본 그녀가 나의 고된 삶의 깊이를 알고 있는 듯하다.

먼저 하늘나라로 떠난, 책을 좋아하던 김 선생은 스테파노와 도밍고의 듀엣을 좋아했다. 명품 가구 대신 거대한 스테레오가 응접실을 가득 메웠다. 그녀의 집에 가면 음악, 그림, 예술에 관한 해박한 지식으로 시간 가는 줄 모르고 이야기를 나눴다. 사회문제를 이야기할 때면 조용조용하게 시사평론을 했다. 부부는 남을 비판하지 않고 자기 생각을 거짓 없이 이야기했다.

친구도 김 선생도 남의 이야기를 하지 않았다. 불편한 화제는 슬며시 다른 화제로 돌렸다. 두 사람 다

언론계에서 일하면서 부당한 대접을 받았다는 것을 나는 풍문으로 들었다. 그들은 남의 탓을 하지 않았다. 인생살이도 직장생활도 흐르는 물처럼 유연했다.

나는 때로 톡톡 튀는 화제로 자극을 바랄 때도 있었지만 그때마다 반응이 밋밋해서 이 사람들 '신선인가' 하고 착각할 때도 있었다. 언제나 감사하며 살던 그들에게서 배려하는 마음을 배웠다.

김 선생에게는 전처에게서 낳은 두 딸이 있다. 미국에서 사는 딸들은 김 선생이 중환자실에서 홀로 투병할 때 잠깐 다녀간 후 김 선생은 삶을 마무리했다. 나는 두 딸 가족이 장례식에 참석하지 못한 상황을 보고 큰 충격을 받았다. 늙고 병든 김 선생이 얼마나 외로웠을까. 김 선생은 손주에게 꼬깃꼬깃한 용돈을 보내곤 했다. 평소에 딸 칭찬, 손주 자랑을 하면서 입가에서 웃음이 떠나지 않던 천사 같은 얼굴이 내 눈앞에서 환영처럼 사라졌다.

나무가 아름다운 꽃을 피운 후에 튼실한 열매를 맺

는 것은 자연이 주는 의무이고 특권이다. 나는 네 명의 딸을 기르면서 경제적, 체력적으로 많이 힘이 들었다. 간혹 딸들이 내가 하는 말에 면박을 줄 때면 아주 속상하다. 삶은 주는 즐거움으로 그쳐야지 마음이라도 바라는 것 아니다. 김 선생의 마지막 소통을 바라보면서 깨달았다. 부모와 자식 간의 사랑도 주는 것으로 만족해야지 받으려는 생각은 하지 말아야 한다.

예술을 사랑하고 가정에 충실하고 책임감 있는 멋진 부부였다. 관직 출세에 큰 욕심 없이 '평범한 삶이 나는 좋다'던 멋진 부부가 기억난다.

그녀는 김 선생의 투병이 오래가지 않은 것에 감사하고 있다. 고통 없는 곳에서 좋아하는 음악을 감상하면서 마음 여행을 하고 있을까. 임종에도 장례식에도 참석하지 못한 딸들이 그녀에게 보낸 선물이 오늘 도착했단다. 살아간다는 것 자체가 좋은 것이라며 큰 뜻을 두지 않고 물 흐르듯 환경에 순응하며 살아서 정희는 복을 받았다.

김 선생 방을 향해 '안녕, 잘 자요.' 밤 인사를 보내는 그녀의 얼굴을 아침 햇살보다 밝았다.

인생의 간 맞추기

사람들과 관계 속에서 나는 이끌려 다니며 사는 편이다.

주류와 비주류가 있다면 비주류에 속하는 나는 중심에서 벗어난 자리가 더 편하다. 주류에 속하기 위해 전쟁처럼 살아가는 사람들 틈에 있으면 바보가 된 듯한 느낌이 들 때도 있지만 그런 자유가 좋다. 그럴 때면 "나는 누구일까"하고 스스로에게 질문을 던져보기도 한다.

황혼 역에 다다른 나에게 인생 잘 살았다고 생각하느냐 묻는다면 소극적인 대답을 할 수밖에 없다. 무엇이든 갖기 위해 욕심을 내기보다는 순리적인 방법을 따랐기 때문에 그럴까. 내 삶에는 소설의 클라이맥스 같은 극적인 요소가 없다. 치열한 경쟁 속에 나를 가두고 살지는 않았지만 컨베이어 벨트처럼 돌아가는 일상에서 벗어나고 싶을 때가 가끔 있다.

그럴 때면 자연을 찾는다. 혼자만의 시간에 밤하늘의 별을 보거나 새 소리를 들으며 산책을 한다. 그런 시간을 가질 때면 짭조름한 인생의 맛이 느껴져 눈가에 눈물이 고인다. 나도 모르게 감성에 젖어 잊힌 사람들 얼굴을 떠올리기도 하고 글을 쓸 소재를 찾기도 한다. "늦게 배운 도둑이 날 새는 줄 모른다"고 했던가. 글을 쓰는 즐거움이 내 밤잠을 빼앗아가기도 하고 소금처럼 녹아들어 내 삶에 간을 맞춘다.

자연의 질서에도 간이 안 맞으면 생태계에 혼란을 가져온다. 꽃도 나비도 소금이 없으면 생명을 유지하지 못한다. 사람들에게 아름다운 꽃을 선물하거나 향기를 뿜어내기 위해 꽃들은 적정한 염분을 유지한다. 꽃이 정성을 다해 만들어 낸 향기는 나의 짭짤한 마음의 농도를 조절하는 방향제다. 향기는 마음을 부드럽고 유순하게 조절하여 남편에게 최고의 서비스를 제공하게 한다.

우리가 살아가는 데 꼭 필요한 세 가지를 꼽으라면 무엇을 말할까. 먹을 것, 입을 것, 쉴 곳 아닐까. 그중에서 내가 가장 중요하게 여기는 것은 음식이다.

가족들에게 맛있는 음식을 내놓기 위하여 양념으로 쓰는 소금은 까다롭게 고른다. 부안 개암사 죽염을 즐겨 먹는데 소금을 입안에 넣고 있으면 끝 맛이 달차근하게 느껴진다. 내 혀끝에서 녹는 소금은 인생의 맛과 닮았다.

오래전 전철 안에서 두 여인의 이야기를 무심코 엿듣다가 웃음이 터졌다. 차 한 잔 사지 않는 인색한 친구를 빗대어 "그 애, 왕소금이지."라고 했다. '왕소금'

이라는 말에 친구 얼굴이 떠올랐다. 내 친구 '왕소금'이 남모르게 거액의 장학금을 내놓았다는 소식을 들었다. 남이 잘되는 것을 배 아파하던 친구들이 왕소금으로 오해하게 만들었다. 오른손이 하는 일을 왼손이 모르게 하는 친구의 선행은 험담하는 친구들 코를 납작하게 쓰러뜨리고 말았다.

2000년 전 이 땅에 오신 예수가 하늘에 보화를 쌓으라고 제자들에게 가르쳤다. 그것은 소외된 이웃에게 소금 역할을 하라는 메시지가 아니었을까. 나는 예수의 메시지를 어디에서 찾아야 하나. 싱거운 내 삶으로 간을 맞추려 마음을 내보인적도 있었지만 너무 작은 그릇이라는 것을 안다.

나의 음식 솜씨는 어머니 손맛을 닮지 않았다. 어머니가 밥상에서 음식이 짜다며 역정을 내시던 일이 생각난다. 오십 년 살림을 살면서 이제야 음식의 간을 맞출 때 소금이 좌우한다는 것을 알게 되었다. 모든 식품의 맛을 돋우는 소금의 역할은 마술에 가깝다. 단맛, 신맛, 고소한 맛에 풍미를 살려 주는 매력을 지니고 있다. 강한 자신의 맛을 고집하기보다 다른 양념과 조화를 이룰 때 소금의 소중한 가치가 살아난다.

우리 인생살이에도 소금처럼 다른 사람들 삶의 맛을 살려 주는 이가 있다. 같은 상황을 만나도 격한 반응을 하는 사람은 맛이 지나쳐 짠 음식과 같다. 남의 어려운 형편을 듣고도 외면하는 사람은 정서에 소금을 넣어 맛을 잃지 않게 해야 한다고 생각한다. 이웃의 불행에 가슴 아파하고 슬픔을 나누려 애쓰는 사람은 소금 간이 잘 배어있는 음식과 같다. 마음 씀씀이가 넉넉하여 남의 상처에 소금을 뿌리지 않는 사람에게서 향기가 난다. 이 세상에서 가장 아름다운 향기는 사람 꽃향기 아닐까.

먼 여행을 떠나신 아버지 어머니의 사진을 들여다본다. 그때는 왜 몰랐을까. 부모님은 달라고 하면 무엇이든 내놓는 요술 방망이를 갖고 계신 줄 알았다.

2005. 5 park

항상 그 자리에서 나의 비빌 언덕이 되어 주실 줄만 알았다.

인생이란 경험하지 않으면 이해할 수 없는 것들로 가득하다. 내가 부모님 나이가 되고 보니 어머니 이마에 핀 굵은 주름 꽃이 선명하게 떠오른다. 바닷물에 숨겨진 갯골처럼 소금에 절인 어머니 마음이 보이는 듯하여 가슴이 아리다. 나를 위해 애쓰시던 모습은 내가 열심히 살아야 하는 이유가 되었는지도 모른다. 형제간 우애를 가르쳤던 아버지 말씀을 나는 얼마나 실천하면서 사는가.

나는 알게 모르게 주변 사람들에게 종종 소금을 뿌리기도 한다. 전철에서 들은 여인의 왕소금 이야기처럼 다른 이의 상처를 덧내는 뒷담화에 말을 보태며 산다. 아름다운 말이 사람 사이 간을 맞출 때 많은 영향을 준다는 것을 알지만 습관적이다. 남편은 젊은 시절 재치 있는 농담으로 모임 분위기를 살려 웃음꽃이 피게 했다. 나는 주책이라며 면박을 주었다. 그

때는 말로 인기를 끄는 남편 모습이 밉상이었다. 지금 생각해 보니 남편이 없는 모임은 간이 맞지 않은 음식과 같아 개미가 없었다. 삶의 농도가 잘 맞아 중심을 잡는 사람은 근사하다. 공동체에서는 그런 사람에게 안심하고 일을 맡기는 것 같다.

염부가 바닷물의 여과과정을 거치고 햇볕에 증발시켜서 소금을 얻지만, 하늘이 내린 선물이라고 말한다. 혼자의 힘으로 완성할 수 있는 것은 이 세상에 아무것도 없다. 나는 인생에 간이 조금 배면서 이웃의 아픔에 관심을 갖게 되었다. 지금까지 내가 살아온 것은 누군가의 도움이었다는 것을 알고 오카리나를 배워 봉사를 시작했다.

건대 병원 환우들을 찾아 가 연주하는 날은 은혜의 소금을 누군가에게 준다는 기쁨으로 가슴이 벅차다. 오카리나의 청아한 찬양을 환우들은 무척 좋아한다. 나는 아마추어 연주자이지만 연주를 위해서 한 곡을 50번 이상 연습한다. 내 인생의 농도가 점점 진해지는 느낌이다. 이제 맛이 들었을까 생각하며 내 삶의 맛을 본다. 다른 사람 인생의 맛에 스며들기에는 아직도 맛이 부족하다.

쑥부쟁이

어느새 눈치를 챘는지
기다리지 아니하여도
쑥부쟁이 꽃은 피고
나는 어디로 가는가

지줄대던 물소리도 길 잃은 계절
잡고 싶은 내 마음을 놓고
막내 딸 가족은 떠났다.

마음에 옹이 앉은 어미마음
추풍에 실을 수만 있다면
태평양 그 너머로
내 발은 자꾸 한눈을 판다